Ingrid Metzger-Buddenberg
Geschichten für Dich

Ingrid Metzger-Buddenberg
Geschichten für Dich

Die Deutsche Nationalbibliothek verzeichnet diese Publikation
in der Deutschen Nationalbibliografie; detaillierte
bibliografische Daten sind im Internet über
http://dnb.ddb.de abrufbar.

Ingrid Metzger-Buddenberg – Geschichten für Dich
ISBN 978-3-86215-024-3

Das von uns verwendete
Papier ist FSC-zertifiziert
und garantiert einen
besonders nachhaltigen
Umgang mit Resscourcen.

Deutsche Literaturgesellschaft
Europa-Center – D-10789 Berlin

www.Deutsche-Literaturgesellschaft.de

Inhalt

Unser Flügel

In Berlin gab es Ende des 19. Jahrhunderts dreihundert Flügelbauer. Einer davon war Eduard Westermayer. Aus Paris wurde bei ihm ungefähr im Jahre 1880 ein großer, schwarz glänzender Flügel bestellt; kein Konzertflügel, aber doch ein größerer als ein Heimflügel.

Marie Durban, eine Tante meines Großvaters Fritz Bartenstein, lebte lange Jahre in einer Pariser Familie als Gesellschafterin. Als die Dame des Hauses vor dem Ersten Weltkrieg starb, erbte Marie Durban den Flügel und auch eine grüne Vitrine, die mit Silberfarbe unterlegt war. Der Transport dieser Sachen ging nach Freiburg im Breisgau ins Haus Bartenstein an der Gartenstrasse 18.

Fritz war ein virtuoser Klavierspieler. Meine ersten Musikerlebnisse waren die Abende, an denen ich auf dem auberginefarbenen Buchara-Teppich lag, den Kopf in die Hände gestützt andächtig den Melodien lauschte, die mein Großvater auf dem großen, schönen Flügel spielte. Meistens spielte er Sonaten von Beethoven, aber manchmal auch weniger Ernstes. Der Schein einer Stehlampe über den Noten gab diesen Stunden eine wunderbare Intimität, alles andere verschwand in tiefer Dunkelheit. Oft war ich die einzige Zuhörerin und dann genoss ich das Alleinsein mit meinem geliebten Großvater. Es waren heilige Stunden.

Mit sechs Jahren durfte ich Klavierstunden nehmen bei Herrn Friedrich Ganser in der Dachstube. Er wohnte nicht weit von uns in der Nähe der Dreisam an der Gartenstrasse 30. Eines Tages passierte mir das Ungemach, dass ich die 20.- Mark, den Klavierstundenlohn für Herrn Ganser, auf dem kurzen Weg dorthin verlor. Daraufhin erhielt ich eine Tracht Prügel. Das war damals so Sitte. Meine Großmutter saß auf einer Truhe im breiten Hausgang. Dort legte sie mich übers Knie und traktierte mich mit dem Kochlöffel. Ich schrie natürlich wie am Spieß. Das hatte zur Folge, dass die hohe Haustüre, die wegen der Arztpraxis immer etwas angelehnt war, sich einen Spalt öffnete und eine Frauenstimme in den Flur rief: »Hören Sie auf, das tut man nicht«. Meine sonst nicht auf den Mund gefallene Großmutter war sprachlos und gehorchte.

Ich lernte schnell Klavierspielen, vor allem weil ich jeden Morgen von sieben Uhr bis halb acht Uhr vor der Schule üben musste, ein Befehl der gestrengen Großmutter, welchen die Dienstmädchen überwachten, während sie die unteren Zimmer putzten – mit einem Staubsauger, denn das Haus Bartenstein war sehr modern.

Der am 1. September 1939 beginnende Zweite Weltkrieg brachte mir ein sehr geschätztes Geschenk, nämlich einen lieben Spielkameraden aus Rheine in Westfalen, der wie ich zu seinen Großeltern in die Gartenstrasse kam, gerade vis-à-vis von meinem großelterlichen Haus. Auch er konnte Klavier spielen, und so taten wir uns freudig zusammen und spielten viele Musikstücke vierhändig am Flügel meines Großvaters. Uli (so hieß er) und ich streiften zusammen durch die Stadt, planschten an der Dreisam, die man von Stein zu Stein hüpfend im

Sommer überqueren konnte, oder wir waren in unserem Garten. Bei schlechtem Wetter spielten wir bei ihm »katholische Kirche«, oder mit den anderen Kindern der Gartenstrasse Theater auf dem großen, wegen des Krieges ausgeräumten Speicher meiner Großeltern. Aber der Hauptzweck unseres Zusammenseins war doch meistens die Musik. Wir stellten Programme auf und schrieben Einladungen, um uns bekannte Leute zu unserem Konzert einzuladen. Dafür übten wir dann fleißig.

Im November schon begannen wir mit großer Freude, auf das Weihnachtsfest Lieder und anderes zu üben. Doch der Krieg forderte auch von uns seinen Tribut. Am 27. November 1944 standen wir uns zum letzten Mal als Kinder gegenüber. Der große Bombenangriff auf Freiburg war überlebt, es war spät in der Nacht, alles hell erleuchtet vom Feuer und Rauch. Uli stand wie eine Salzsäule erstarrt vor dem Haus seiner Großeltern und ich desgleichen schockiert vom gerade Erlebten, vor dem Haus meiner Großeltern. Wir schauten uns an, ohne etwas sagen zu können, unfähig uns in diesem Jammer und der Verzweiflung zu umarmen und zusammen zu weinen. Ade Kindheit. Eine neue Zeit begann, eine nüchternere. Ich trottete in jener Nacht daraufhin dem Leiterwagen nach, auf dem unsere Habseligkeiten lagen, dem Lorettobunker zu, wo meine

Großeltern und ich vorerst Zuflucht fanden, da das Haus unbewohnbar geworden war.

Im Februar 1945 fiel bei einem Bombenangriff ein Phosphorkanister in den zweiten Stock des Hauses meiner Großeltern. Mein Großvater lag zu jener Zeit, von einem vorangegangenen Angriff verwundet, in einem Lazarett in Konstanz, wohin meine Großmutter ihn begleitet hatte. Das Haus brannte lichterloh. Die couragierte Schwester meines Großvaters, Mia Bartenstein, versuchte mit zwei Männern und einer Freundin zu retten, was sie konnte, darunter auch den schönen Flügel. Zuerst wurden die Orientteppiche und Kissen vor das große Wohnzimmerfenster gelegt. Die zwei Männer hoben die schwere Last auf das Fenstersims und schrien den zwei Frauen, die auf dem Trottoir empfangsbereit warteten, zu: »Achtung, jetzt kommt er!« Der Flügel stürzte aus dem Fenster senkrecht mit einem Knall auf das Trottoir. Natürlich waren die gutmeinenden zwei Frauen zu schwach für so ein schweres Monster. Aber, oh Wunder, der Resonanzboden blieb heil! Der Flügel wurde um die Ecke in die Wilhelmstrasse 8, dem Haus meines Urgroßvaters, August Bartenstein, transportiert. Dort fristete er sein Leben von 1945-1952 in klirrender Kälte und in vollem, heißen Sonnenschein. Er verlor dabei seine glänzend schwarze Farbe und wurde stellenweise undefinierbar braun und braunrot. Niemand hatte in der Nachkriegszeit die Muße auf ihm zu spielen.

Unser Flügel wurde erst im Herbst 1952 aus seinem Schlaf geholt und stand dann sechs Wochen am deutsch-schweizerischen Zoll bei Basel. Ich hatte nämlich am 14. Oktober 1952 einen Basler geheiratet und den Flügel als Heiratsgut mitbekommen. Doch die Zollbehörden brauchten wochenlang, bis sie ihn freigaben. In Basel hatte der Flügel es endlich wieder gut. Ich spielte in meiner neuen Heimat Klavier und freute mich an dem alten Flügel. Später erhielten unsere Kinder Klavierunterricht. Doch die Klavierlehrerin protestierte gegen das Üben auf dem alten, lädierten Piano. »So geht das nicht, die Tasten sind ausgeleiert, und überhaupt …«. Ich ließ eine Expertise machen, um zu wissen ob es sich lohne, den geliebten, zu jener Zeit achtzigjährigen Flügel ganz zu überholen. Ich bekam den Bescheid vom Fachgeschäft Musik-Hug in Basel, dass sich dies lohne. Mit dem Erbe meiner Mutter konnte ich auch die große Summe bezahlen und so tönte nach einiger Zeit unser schwarz-brauner Flügel wieder wunderbar. Einige Jahre begleitete ich die Kinder, die Flöte, Geige und Cello spielten, mit dem Klavier. Das war eine herrliche Zeit. Dann flogen die Kinder eins nach dem anderen aus dem Haus.

Unser geliebter Flügel kam aber später, ab 1985 zu neuer Blüte. Begabte Musiker und Musikologen der Paul-Sacher Stiftung in Basel wohnten bei uns und gaben uns wunderbare Klavierkonzerte, oft auch vierhändig. Manchmal war mir angst und bang, wenn temperamentvolle Russen vom Moskauer Konservatorium vierhändig spielten. Das Klavier zitterte zum Erbarmen!

Nun, die Zeit verging, und eines Tages im Dezember 2006 hatte ich einen Einfall, der mich selbst erstaunte: Ich setzte ins »Google« im Internet den Namen meines lieben Spielkameraden aus den frühen Vierzigerjahren, denn vergessen hatte ich ihn nicht. Wie staunte ich, als mir tolle Dinge über ihn entgegen purzelten und einige Tage später ein e-mail ankam »Hier bin ich, der Uli!« Da hüpfte mein Herz bis übers Dach hinaus. Er war ein berühmter Mann geworden: Musiker! Ich will aber hier nichts verraten. Wir freuten uns beide innig, uns wiedergefunden zu haben. Bald wird Uli kommen und dann auf »unserem« Flügel wieder Klavier spielen.

Ellen

Ellen und ich, wir sind nun zwei alte Frauen mit junger Seele, aber abgenutztem Körper. Doch vor mehr als sechzig Jahren hüpften, sprangen, lachten und weinten wir zusammen im Frühling unseres Lebens.

Ellen wohnte nicht weit von uns in der Rempartstraße in einer kleinen Kellerwohnung mit ihrer Mutter und ihrer älteren Schwester Yvonne. Meistens kam Ellen zu mir in das gastfreundliche Haus meiner Großeltern in der Gartenstraße 18 oder in den weitläufigen, lauschigen Garten, wo auch ein großes Hundehaus mit vielen Hunden stand. Wir spielten aber auch im Verband der Kinder der Gartenstraße.

Meine Freundin Ellen hatte im Frühling 1944 ihren großen Tag, die Feier der Ersten Heiligen Kommunion, an dem ich sie begleitete. In einer Kirchenbank von St. Martin in Freiburg i. Br. sitzend, schaute ich neugierig und andächtig den weißgekleideten und bekränzten Mädchen und dunkel gekleideten Buben zu. Ich kannte das bisher nicht, da man mich evangelisch getauft hatte. Meine beste Freundin war wunderschön anzusehen, blond, blauäugig mit weißem Kranz und langem weißen Kommunionskleid. Ein großer Gegensatz zu sonst war das, denn wir tollten meistens mit den Rollschuhen herum, schlugen auf der Straße den großen Reifen mit einem Stecklein oder den kleinen Kreisel mit einer langen Schnur.

Ich liebte und verehrte Ellen und wollte immer mit ihr zusammen sein. Aber da brach die große Trennung durch die Bombennacht des 27. November 1944 über uns herein. Meine Großeltern und ich überlebten und flohen sofort in der gleichen Nacht einige Kilometer weit aufs Land. Vom Gasthaus »Zum grünen Baum« in Merzhausen aus sah ich tagelang dem entsetzlichen Zug der Flüchtlinge zu, welche die zerstörte Stadt mit ihrer letzten geretteten Habe auf Leiterwagen oder schwer tragend verließen und dem Schwarzwald zustrebten. Ein sehr deprimierender Anblick, den ich mein Leben lang nicht mehr vergessen konnte.

Ich fürchtete um die Katzen und Hunde meiner Großeltern, insbesondere meinen Hund Sonja, und vor allem um meine Freunde. So suchte ich unter den Flüchtenden, ob ich vielleicht bekannte Gesichter, Lehrer, Mitschüler, Freunde entdecken könnte.

Abends war es meine Aufgabe, die Milch für das Gasthaus aus dem weiter weg liegenden Milchhäuschen abzuholen. Beim Heimweg in der Dunkelheit sah und hörte ich jeden Abend den Feuerschein und das Grollen der Kanonen im Westen beim Rhein. Ich gewöhnte mich daran, das allnächtliche Feuerwerk, das hoch in den Himmel stieg, ohne Angst mitzuerleben. Doch die Sorge um Ellen ließ nicht nach.

Es war mir verboten in die Trümmer-Stadt zu gehen. Aber eines Tages nahm ich in meiner Verzweiflung ein Erwachsenenfahrrad – ich war elf Jahre alt – und fuhr trotzdem in Richtung Freiburg. Die Strafe folgte auf dem Fuße: Auf der offenen, einsamen Landstraße wurde ich plötzlich die Zielscheibe des Piloten eines Jagdflugzeuges. »Tak tak tak tak« machte es und ich warf mich mit dem Rad in den Straßengraben. Schon war er wieder weg und kam Gott sei Dank nicht wieder. Trotz der vielen Schüsse hatte er mich nicht getroffen. Geschockt raffte ich mich und das große Fahrrad auf und fuhr weiter. Jetzt erst recht, dachte ich im Zorn, und erreichte bald Freiburg und die Rempartstraße. Zu meinem Entsetzen fand ich nur noch einen Bombenkrater vor, wo das Haus von Ellens Familie gestanden hatte. Den Strohhut von Yvonne entdeckte ich tief unten in einem Loch unter den Trümmern. Weinend stand ich dort, musste ich doch annehmen, dass alle tot seien.

Niemand hatte entdeckt, dass ich in Freiburg war, und so holte ich, als ob nichts geschehen wäre, brav abends die Milch ab. Niemandem erzählte ich das Erlebte. Ein weiterer Schock war für mich, als mein Großvater berichtete, dass er alle fünf Hunde, auch seinen geliebten großen Jagdhund Heiko und meine sanfte Sonja, erschossen habe. Sie hätten alle von den Trümmern und den Scherben blutende Pfoten gehabt, und auch Fressen gäbe es für die Tiere nirgends. Tot wären sie nun besser dran. Es kam noch schlimmer. Vier Tage vor Weihnachten musste ich meine Großeltern verlassen und alleine ohne Ausweise über die Schweizer Grenze.

In meiner inneren Einsamkeit bastelte ich in Basel für Ellen eine kleine Puppe. Als Perücke erhielt diese meine eigenen Haare. Ich hoffte also doch, Ellen irgendwann in der Zukunft dieses Püppchen übergeben zu können.

Die Zeit verging und ich war kurz nach dem Krieg wieder in Freiburg. Damals lebte ich in der Hildastraße im Internat von St. Ursula, als einzige Nichtkatholikin. Eines Tages auf dem Schulweg – ich traute meinen Augen kaum – traf ich Ellen! Sie wohnte in der gleichen Straße, nur einige Häuser weiter entfernt. Was war das für eine Wiedersehensfreude auf beiden Seiten!

Ich erfuhr mit Staunen, dass es Ellen und ihrer Familie sehr gut gehe. Sie hatten während der französischen Besatzungszeit eine große, schöne Wohnung – bei der damaligen grässlichen Wohnungsknappheit! – und genug zu essen, all das im Gegensatz zu der übrigen Bevölkerung. Ellen und die Ihren waren nämlich in Wirklichkeit Juden, einige der wenigen, die in Freiburg überlebten. Später wanderten Ellen und ihre Schwester nach Israel aus.

Kleine Freuden des Alltags

Gedanken eines 15-jährigen Schulmädchens.
Weihnachten 1948. Für meine gute Oma

Der Alltag fließt so rasch an uns vorüber, und oft entnehmen wir ihm nur das Unangenehme und Schwere. Warum sind unsere Gedanken nicht »Freude«? Dächten wir immer an die Freude, so würden wir sie überall spüren und würden fröhlichere Menschen.

Der Alltag ist mit Freuden angefüllt. Wenn morgens die Sonnenstrahlen mein kleines Zimmer vergolden, fällt mir das Aufstehen leichter, oft ist es eine ganz unbewusste Freude. Ein fröhlicher Morgengruß auf der Strasse und in der Schule, freundliche Menschen, lustige Kinder, machen mich froh.

Der Empfang, den unsere Hunde mir nach der Heimkehr von der Schule bereiten, heitert mich jedes Mal auf, wenn ich auch noch so verzagt bin.

Mein kleines Zimmer ist meine besondere Freude. Dort kann ich alles hineinstellen, was ich liebe. Sitze ich lernend an meinem Schreibtisch, so habe ich eine Aussicht auf dunkle Tannen und eine mächtige, hohe Buche, welche die Stadtgebäude und die schwarzen Schornsteine verdecken. Immer wieder ist mir dies eine Aufmunterung. Auch die Vase vor mir mit den verschiedenen Blumen liebe ich sehr. Sie zeigt mir, wenn ich auch nicht draussen bin, die Schönheit der Natur. Ein buntes Bild gibt mir viel am Tage. Nicht weniger freue ich mich, wenn von irgendwoher Töne von Klavier oder anderen Instrumenten erklingen oder wenn mir gar Zeit bleibt, selber zu spielen.

Eine kleine Aufmerksamkeit, die mir erwiesen wird oder die ich jemanden erweisen kann, gibt mir neue Kraft und Mut.

Bei kleinen Tierchen, die oft über meine Bücher spazieren, kann ich lange verweilen und ihre Bewegungen betrachten. Wie oft tat es mir leid, dass ich diesen kleinen Lebewesen die Lebensfreude genommen hatte, indem ich sie tötete.

In jeden Tag möglichst viel und Nützliches hineinzubringen, ist mein Ziel; und habe ich das wirklich fertig gebracht, so ist das für mich die allergrößte Freude, die mir im Alltag begegnen kann. Darum ist mir dieser Spruch besonders nahe:

»Die wahre Freude, o Menschenkind
fühle doch mitnichten,
dass es erfüllte Wünsche sind,
es sind erfüllte Pflichten.« (Goethe)

Dann kann ich mit gutem Gewissen ein schönes Buch lesen, handarbeiten oder musizieren.

Das Erinnern und das Denken an solche kleinen Freuden hat mich nun recht froh gemacht. Suche ich die Freude, das weiß ich, so werde ich sie in den kleinsten Begebenheiten und Dingen finden.

Noch unzählige kleine Freuden gibt es, die ich nicht alle immer bewusst erkenne.

Großvater Fritz

Wirklich reich ist derjenige, welcher genügend hat, um andere zu beschenken. Das meine ich im übertragenen Sinn, wenn ich an meinen Großvater, Dr. med. Friedrich Wilhelm Bartenstein, denke. Er war die Güte selbst. Wenn ich mir jene schönsten Jahre meiner Kindheit in Freiburg im Breisgau ins Gedächtnis zurückrufe, als ich noch die Flügel des Paradieses hatte, kommen mir die Tränen. Glück der Erinnerung? Meine Großmutter, Mathilde, war bei mir für die Erziehung und Bildung verantwortlich, mein Großvater für meine Herzensbildung.

Schon morgens im Badezimmer entfaltete Fritz seine Fröhlichkeit. Wenn wir zwei alleine waren, sprach er mit mir wie ein echter Freiburger »Bobbele«, der er ja auch war. Täglich wetzte er vor dem Rasieren sein Messer an einem langen, 5 cm breiten Lederband, das oben an der Badezimmerwand an einem Haken befestigt war. Ich fand es interessant und vor allem danach lustig, wie er Schaum anrührte und mit einem dicken Pinsel von Eberhaaren – die gleichen hatte er an seinem Jägerhut – einseifte, bis er aussah wie ein Schneemann. So begann der Tag gut. Aber wenn die Großmutter dabei war, ging es ernst zu, denn sie erlaubte mir und auch ihrem Mann den Dialekt nicht. Als ich 1939 in das Haus meiner Großeltern zog, redete ich nämlich »Mannemerdeutsch«, weil ich in Mannheim in den Kindergarten gegangen war und wie alle anderen Kinder sprach. Ich sagte z.B. »Beemche« zu einem kleinen Baum.

Ich sah meinen Großvater oft erst um 2 oder 3 Uhr nachmittags wieder. Mein Hunger nach der Schule war groß, aber es galt zu warten mit dem Mittagessen, bis mein Großvater mit der Sprechstunde fertig war. Alle richteten sich nach ihm. Es war deshalb gerechtfertigt, dass er von oben am Treppengeländer des ersten Stockwerkes herunter donnerte und fluchte, wenn die Dienstmädchen vergessen hatten,

um 12 Uhr das kleine Lederpolster von der Innen-
kante der Haustüre abzunehmen, und dadurch Patienten weiterhin ins Wartezimmer gelangen konnten.

Am Mittagstisch nahmen oft auch Pensionäre und
Besucher teil. Ich hatte die ganze Zeit zu schweigen.
Nur wenn ich gefragt wurde, durfte ich antworten.
Um so mehr beobachtete und hörte ich zu. Mein
Großvater gab mir als Arzt den Rat, recht langsam
zu essen und gut zu kauen. Meine Großmutter da-
gegen hetzte mich mit: »Iss schneller; wenn du mit
uns Erwachsenen nicht fertig wirst, musst Du in der
Küche weiter essen.« Das störte mich keineswegs,
war es doch viel fröhlicher in der Küche bei den
Dienstmädchen als am Esszimmertisch.

Das Radio, der so genannte Volksempfänger, stand
im Esszimmer und wenn die Zeit gerade richtig
war, wurde er angestellt, um die Nachrichten zu
hören. Am Anfang des Krieges gab es oft Sieges-
meldungen. Dazu wurde dann als Verstärkung
und Beeindruckung das Deutschlandlied gespielt:
»Deutschland, Deutschland über alles« nach der
Melodie von Haydn. Diese Musik gehört zu meiner
Kindheit. Sie löst in mir immer noch starke Emo-
tionen aus, wenn ich sie heute höre, wie zum Beispiel kurz vor Mitternacht im Deutschlandfunk.
Eines Tages gab es beim Mittagessen Streit wegen

dieses Liedes. Möglich, dass dieser Streit nicht ein
– sondern mehrmals auftrat. Mein Großvater befahl
allen am Esstisch aufzustehen, wenn das Deutschlandlied angestimmt wurde. »Nein, wir bleiben sitzen!«, rief energisch meine Großmutter. In meiner
Erinnerung sehe ich sie wütend, aber hoheitsvoll,
vom Tisch weg zwischen den zwei hohen jonischen
Säulen des Wohnzimmers in ihr Zimmer schreiten.

Von früher erzählte mir mein Großvater nie. Dabei
hatte er ein so reiches, erfülltes und auch schweres
Leben. Seinen Vater, den er verehrte, verlor er früh.
Dieser war Stadtrat von Freiburg. Bei einem Kaiser-
besuch fuhr er in der Kutsche mit dem Kaiser durch
die Kaiserstrasse. Das Elternhaus von Fritz Bartenstein war an der Ecke Schusterstrasse / Kaiserstrasse. Jahrzehntelang beherbergte es das berühmte
»Kaffee Steinmetz«. Nichts verriet mein Großvater
von seiner Zeit als Schiffsarzt auf der Yacht des Kai-
sers Wilhelm II. oder vom ersten Weltkrieg, den er
vier Jahre als Stabsarzt in Frankreich und Rumänien
mitmachte. Ich wusste nur von seiner Verwundung,
die ihm im Alter noch Schwierigkeiten und Schmerzen bereitete. Inflation (1923) und Finanzkrise von
1929 / 30 wurden nie erwähnt. Auch die lebenslange
Verbundenheit mit der Burschenschaft Alemannia
sowie sein Leben als Vorstand der deutschen Ärz-
teschaft, waren kein Thema. Kurz, mein Großvater

war für mich ein Geheimnis und als Kind fragt man auch selten etwas in Richtung Vergangenheit der Vorfahren. Allerdings erzählte ich meinem Großvater auch nichts von meinem Erleben oder Fühlen. Trotzdem waren wir sehr verbunden und gegenseitig voll inniger Zuneigung.

Was ich wunderbar an meinem Opa fand, war sein Klavierspiel. Er konnte auch Geige spielen, aber er zog das Klavier vor. Ich war seine innigste Zuhörerin, lag zu seinen Füßen auf dem Wohnzimmerteppich neben dem Flügel und sog die Musik ein.
Im Abendlicht an Sommerabenden mit meinem Großvater alleine im Garten am Tisch zu sitzen und zuzuschauen, wie er sich einen langen, roten oder weißen Rettich richtete, war ein anderer Höhepunkt. Er hatte die Angewohnheit mit viel Geduld und Geschick den Rettich in feinste Scheiben zu schneiden, sodass er unten noch zusammenhielt. Dann streute er Salz zwischen die vielen verschiedenen Scheibchen und drückte ihn zu, wartete eine Zeitlang, um ihn danach zu verspeisen. Seither denke ich an meinen lieben Großvater, wenn ich eines dieser Wurzelgemüse sehe. Im Garten holte er sich immer Erholung. Er stutzte die Trauben an der Südwand des Hauses und alle Obstbäume. Es hatte außer Apfel – und Birnenbäumen auch Zwetschgen, Mirabellen und Pfirsiche, in einer geschützten Ecke sogar ei-

nen Feigenbaum. Wenn ein Universitätssemester zu Ende ging, wurden im Garten von der Studentengruppe und der Familie, die im Hause Bartenstein wohnten, Photographien im Garten aufgenommen. Dabei erinnere ich mich besonders jenes Gaudi: als alle endlich schön aufgestellt waren, einer der Studenten den Rasensprenger laufen ließ. Kreischend und nass floh jedermann davon. Was für ein Spaß! Unvergesslich lustig für mich.

Die Natur brachte mir mein Großvater nahe, indem er mich oft mit auf die Jagd nahm, aber nur dann, wenn er nicht vorhatte, ein Wild zu schießen. Er beobachtete und ich mit ihm und lernte dadurch auch viel über Pflanzen und Tiere. Morgens, wenn der Frühnebel noch auf den Wiesen lag, gingen wir gemeinsam im Wald und an den Waldrändern spazieren. Wenn man jemanden liebt, ist man glücklich, und so war ich es aus vollem Herzen an diesen besonderen Morgen – oder Abendstunden. Nur die Vögel oder andere Tierlaute waren zu hören. Die Natur ist eine der größten Heiler für uns Menschen. Bei seiner körperlich, geistig und emotional ihn erschöpfende Arbeit als Arzt holte sich Opa immer Erholung in der Ruhe und Einsamkeit der Natur. Die Rosskastanien, welche wir Kinder unter den vielen, großen Kastanienbäumen der Schreiber-Strasse entlang im Herbst in Säcke eingesammelt hatten, brachten mein Großvater und ich, wenn im Winter viel Schnee lag, zu den Futterkrippen der Rehe.

Im Winter lehrte mein Großvater mich geduldig das Skifahren, Telemark, Stemmbogen, alles was so nötig war, um mit großem Spaß heil den Berg hinunter zu kommen. Wir unternahmen zusammen herrliche Skiwanderungen im Feldberggebiet bis ins Bärental, wo oben am Hang die Alemannenhütte steht. Einmal fuhren wir von dort zum Herzogenhorn in herrlichstem Sonnenschein und glitzerndem Schnee. Meine Großmutter konnte nicht mitkommen, da sie sich beim Skifahren den Oberschenkelhals gebrochen hatte.

Mein liebster Sport war das Rollschuhfahren mit den vielen Kindern der Gartenstrasse. Wir bevorzugten die Wilhelmstrasse mit dem glatten Teerbelag. Da während des Krieges kaum ein Auto fuhr, höchstens einmal ein Pferdefuhrwerk oder Schiebekarren, waren die Strassen der ganzen Stadt für uns eine Kinderoase. Ich besaß sogar Holzrollschuhe, um im Rollschuhclub in einer großen Halle Kunstrollschuh zu fahren. Natürlich bekam ich bei diesen Tätigkeiten viele Schrammen, die mein Großvater aber nicht immer zu Gesicht bekam. Ich wusch die Wunden mit Bächlewasser aus. Diese Bächle hatte es in Freiburg früher fast in jeder Strasse. Erst wenn sich eine böse Entzündung mit Eiter entwickelte, war der Gang ins Operationszimmer meines Großvaters unvermeidlich. Mit Messer oder Schere ging er dahinter, und ich versuchte tapfer zu sein. Noch jetzt besitze ich zwei jener speziellen Handtücher des Operationszimmers – eine unglaublich gute Qualität! Wahrscheinlich waren diese in der Waschküche, als das Haus meiner Großeltern abbrannte. Einmal wurde das Loch in meinem Knie immer größer und wollte nicht heilen. Lymphdrüsenentzündung diagnostizierte mein Großvater. Während ich in meinem Bett lag, mussten die Arztgehilfin Clärchen Seilnacht und die Hausangestellte Berta Sexauer mich an Armen und Beinen festhalten. Dann goss der Doktor Bartenstein mir hochkarätigen Schnaps auf's Knie. Dass ich aus Leibeskräften schrie, kann man sich denken. Das half und ich konnte bald wieder meiner Lieblingsbeschäftigung nachgehen in der Stadt auf acht kleinen eisernen Rädern. Auch gegen Flöhe, Würmer und Läuse kämpfte der liebe Arzt. Wenn ich nicht im großen Hundehaus bei den Tieren saß, schmuggelte ich sie mit in mein Bett: Katzen und Hunde des Hundezwingers meiner Großmutter, samt ihren Jungen. Am meisten war mir die dicke Sonja ans Herz gewachsen, dieser Hund gehörte mir und auch das schwarze Katerchen Peterle. Wenn sich alle bei mir wohl und warm fühlten, war ich glücklich. Man konnte mir das nicht austreiben, trotz den mannigfaltigen Parasiten, die ich damit auflas.

Das Sprechzimmer von Fritz Bartenstein war für mich ein großer Anziehungspunkt. Ich lag gerne auf der Couch neben dem weißen Kachelofen und träumte oder las dort. In einer anderen Ecke stand ein runder, kleiner Tisch mit einem Minisofa und zwei Lehnsesseln, urgemütlich mit Stehlampe darüber, wunderbar zum Zeichnen oder Spiele Machen. Diese Ecke benützte der Arzt wohl, um die Seele mancher Menschen zu heilen. Bei der Balkontür hatte mein Großvater seine Schreibmaschine auf einem Tischchen stehen, die ich so gerne benützte, um Briefe zu schreiben. Im Frühling dufteten die Glyzinen des Balkons hinein. Die Wände des Zimmers waren übersät mit Rehgeweihen; sogar ein Hirschgeweih und ein riesiger Auerhahn mit offenen Flügeln hing über seinem großen Schreibtisch. Alles verbrannt und vorbei. Aber es leuchtet nach in Kopf und Herz.

Manche Nächte waren schwierig; nicht nur wegen der nächtlichen Alarmsirenen des Krieges. Mein Großvater war auch als Frauenarzt ausgebildet und nachts schrillte oft das Telefon. »Hier 4830« wurde in den Hörer gerufen. Die meisten Kinder kamen nachts zur Welt. Ich war wohl ein nervöses Kind und litt oft unter Kinderkrankheiten. Deshalb entschlossen sich meine Großeltern, mein schönes Kinderbett am Fuß der Ehebetten meiner Großeltern aufzugeben und mir ein Zimmer weit weg vom Telefon zu geben. Obwohl ich stolz auf mein eigenes Schlafzimmer war, machte es mich traurig.

Aber unaufhaltsam wird man älter. Mit 11 Jahren, im Dezember 1944, wurde ich von meinen Großeltern getrennt, bis ich 15 Jahre alt war. Damals besuchte ich eine Schule der St. Ursula-Schwestern. Nebenbei hatte ich ein Jahr lang einen sehr inhaltsreichen, guten Konfirmanden-Unterricht. Aber als sich der Tag der Konfirmation näherte, sagte ich Herrn Pfarrer Hesselbacher, dass ich nicht konfirmiert werden könne. Ich wolle zwar meinem Großvater und meinem Vater nicht weh tun, aber ich könne jetzt nicht versprechen, dass ich mein ganzes Leben bei der gleichen Konfession bleibe würde; es gebe noch so viel anderes. Dieser Pfarrer hatte Verständnis für meine Zweifel und schlug mir vor, einfach zu schweigen, wenn alle beim Gelübde »ja« sagen würden. Das war ein annehmbarer Kompromiss, und so musste ich meinen geliebten Großvater nicht traurig machen. Die Männer waren nämlich in meiner Familie seit drei Generationen evangelisch und die Frauen katholisch. (Ich setzte diese Tradition in umgekehrter Weise fort, indem ich später einen katholischen Mann heiratete.)

Mit sechzehn Jahren zwang mich meine Großmutter, in die Tanzschule zu gehen. »Das gehört zur Bildung!«, herrschte sie mich an. Tränen halfen nicht und so beugte ich mich. Manche muss man zu ihrem Glück zwingen – die Montagabende konnte ich daraufhin nicht erwarten, denn ich hatte mich augenblicklich in der Tanzstunde in Gerhard verliebt. Er war älter, hatte einen Führerschein und fuhr liebend gerne Auto. Mit diesem konnte er meinen Großvater, der 1949 schon 78 Jahre alt war, nachmittags oft bei seinen Patientenbesuchen mit Autofahren entlasten. Es war eine wunderbare Zeit. Ich saß mit den italienischen Windspielen meiner Großmutter hinten im kleinen Ford meines Großvaters. Meinem Großvater war gedient, uns zwei Verliebten auch und die Hunde konnten während der Zeit des Wartens sich tummeln.

Mit siebzehn Jahren verließ ich meine Großeltern, um einige Monate in England zu leben. Sie brachten mich an den kleinen Freiburger Bahnhof, dessen Kriegswunden nur notdürftig geschlossen worden waren. Es war ein herzzerreißender Abschied, alt und jung wurden auseinander gerissen. Der Vogel flog aus dem Nest. Meine Großmutter schrieb mir später, dass mein Opa sich in die Grünanlage vor dem Bahnhof auf ein Bänkchen setzte und schluchzte. Er sagte, er bezweifle, mich je wieder zu sehen. Nach einem halben Jahr erhielt ich ein Telegramm aus Freiburg, ich solle sofort nachhause kommen, mein Großvater liege mit Angina pectoris im Krankenhaus. Das war im April 1951. Als ich zuhause in der Wilhelmstrasse 8 in Freiburg ankam, war mein Großvater aus der Klinik entlassen und alle waren froh, dass wir ihn noch eine Spanne Zeit bei uns hatten.

Am 6. Mai 1951 verlobte ich mich mit Martin aus Basel, sagte aber meinen Großeltern an jenem Abend beim Heimkommen noch nichts davon. Am 7. Mai war der 72. Geburtstag meiner Großmutter und wir hatten vor, diesen alle zusammen im Kaffee Steinmetz, dem früheren Elternhaus meines Großvaters, zu feiern. Kurz vorher kam er zu mir ins Zimmer und bat mich, den losen Kragen mit dem Kragenknöpfchen hinten an dem Hemd anzubringen, er wollte es nicht extra dazu ausziehen. Ich versuchte es immer von neuem, aber es gelang mir nicht. Schließlich verlor er die Geduld, stand vom Stuhl auf mit dem wütenden Ausruf: »Du bist saudumm!«. So etwas hatte ich von ihm noch nie gehört. Aber es war sein Vermächtnis an mich, denn kaum war er aus der Türe, brach er tot zusammen. Ich rannte zu einem Arzt zwei Häuser weiter, aber jede Hilfe kam zu spät. Seit jener Zeit hasse ich Maiglöckchenduft, denn dieser überwog an der Beerdigung meines geliebten Großvaters Fritz.

Weihnachten 1938 bis 1945

Dezember 1938

Mit fünf Jahren hatte ich schon viel hinter mir, schöne, aber auch schwere Erlebnisse. Ich war ein ernstes Kind, sagte man.

An den Weihnachtsabend 1938 in Mannheim, in der Speyererstraße 113, kann ich mich gut erinnern. Im großen Wohnzimmer, das mit den schönen Kirschbaummöbeln aus der Biedermeierzeit der Emilie Bartenstein ausgestattet war, stand auf einem Tischchen ein kleiner Baum, übersät mit leuchtenden Kerzen und bunten, glitzernden Kugeln – ein Wunderland für ein Kind. Ich erhielt als Weihnachtsgeschenk einen dieser berühmten alten Steinbaukästen mit richtigen beigefarbenen, taubenblauen und dunkelroten Steinen, was sofort zum Bauen verlockte.

Das Schönste an dieser Weihnacht war, dass mein Vater mit mir zusammen eine Burg aus diesen Steinen baute, und das auf meinem kleinen Spieltisch, der dazu vom Spielzimmer in das Esszimmer getragen wurde. Mein Vater musste sich auf meine Kleinheit einlassen. Mit großer Geduld, viel Zeitaufwand und Spaß entstand etwas wie ein Walhalla mit großem, hohem Innenraum und vielen Türmchen und Verzierungen. Das Tollste am Ganzen war: Papa elektrifizierte diese Burg mit gespenstischem Dämmerlicht. Ich war fassungslos vor Glück und vor Bewunderung für meinen Vater. Dass eine Burg früher noch keine elektrische Anlage besitzen konnte, das wusste ich als kleine 5-Jährige nicht.

24. Dezember 1939

Dieser Weihnachtsabend war völlig anderer Art. Inzwischen war am ersten September 1939 der Krieg ausgebrochen. Die erste Kriegsweihnacht also; man hoffte und glaubte damals sogar, es bleibe auch die einzige. Mein Vater wurde als Offizier eingezogen, meine Mutter kam in eine psychiatrische Klinik.

Kurz vor den Weihnachtstagen durfte ich nach Freiburg im Breisgau zu meinen Großeltern reisen. Irgendjemand brachte mich mit dem Zug dorthin. Ich war für einige Zeit in einer württembergischen Schule, in Biberach an der Riss, untergebracht. Dort hatten mich Freunde meiner Großmutter als Evakuierungskind aufgenommen. Bald nach Kriegsbeginn waren nämlich Kinder, Mütter und alte Leute aus grenznahen Ortschaften weiter ins Landesinnere gebracht worden. Meine Freude war riesig, als meine Oma mich in Freiburg in der Gartenstraße 18 empfing. An den vorweihnachtlichen Nachmittagen bis weit in die Abende hinein wurde in der Küche und auch im benachbarten Esszimmer auf großen viereckigen Blechen Springerle, Leckerle und Spritzgebäck vorbereitet und gebacken, nicht nur eine Blechschachtel voll, nein, von jeder Sorte einen viereckigen, geflochtenen Waschkorb voll. Der herrliche Duft zog durch das große Haus mit seiner weitläufigen Treppe bis hinauf in die zwei Speicher. Ich sehe noch meinen geliebten Großvater, wie er den Leckerleteig auf dem großen Blech, das auf zwei Esszimmerstühlen lag, nach dem Backen mit weißem Zuckerguss bestreicht und in gleichmäßige Rechtecke schneidet. Ich durfte ihm dabei helfen und fühlte mich ganz groß!

In der Küche wurde schon am 23. Dezember von den Küchenfeen Gertrud Numberger, Berta Klaiber und Klärchen Seilnacht der traditionelle Russische Salat für das Weihnachtsessen am 24. Dezember vorbereitet. Nicht den Russischen Salat, wie man ihn hierzulande kennt, sondern ein ganz echter, roter war das, einer mit roter Beete (Randen). Im Jahr 2001 konnte ich nach 62 Jahren endlich wieder mal solch einen echten Russischen Salat kosten. Nina aus Kiew am Dnjepr in der Ukraine, die drei Monate bei uns wohnte, bereitete ihn zu. Ich flippte aus! Er war so gut wie nur bei meinen Großeltern an Weihnachten, und dort gab's ihn tatsächlich nur am Weihnachtsabend.

24. Dezember 1940

Wenn es duftete im Haus, so nach Springerle (Änisgutzi) und Russischem Salat, da war Weihnachten nicht mehr weit entfernt. Der Eifer war im ganzen Haus meiner Großeltern zu spüren. Nur ich, die dadurch unbeaufsichtigt war, konnte tun, was ich wollte, zum Beispiel zwischen einer der dicken ionischen Säulen und dem schweren beige-braunen Vorhang meine Nase durchstecken und versuchen, einen Blick auf den Christbaum im Wohnzimmer zu erhaschen. Leider war der Spalt nicht groß genug, um im richtigen Winkel den großen Baum ganz zu erspähen. Ich konnte nur seine Ausläufer erkennen. Aber spannend war es trotzdem, denn verbotene Spiele sind immer am aufregendsten.

Am 24. Dezember wurden die Familienmitglieder und Dienstmädchen in alle Himmelsrichtungen

geschickt, um kleine Geschenke und Weihnachts-
gebäck in der Stadt zu verteilen. Auch ich wurde
eingespannt, was ich nicht ungern tat, denn bei den
guten Geistern, wie der Weißnäherin, der Schneide-
rin, früheren Dienstboten und Verwandten anzu-
klopfen, lohnte sich in mancher Hinsicht. Ich wurde
sehr freundlich empfangen, etwas ausgefragt und
zum Schluss bekam ich irgendeine weihnachtli-
che Süßigkeit. Zur Weißnäherin, Fräulein Sauter,
musste ich vier Treppen hinaufklettern. Sie wohnte
in einer kleinen Mansarde. Sie war immer besonders lieb zu mir; auch war da Marie, ein früheres
Dienstmädchen im Doktorhaus Bartenstein, die als
Schwarzwälderin in Freiburg auch im Alter noch
ihre langen, blondweißen Zöpfe doppelt um den
Kopf gelegt hatte. Sehr helle blaue Augen hatte sie,
die ich nie vergesse. Überhaupt, Freundlichkeiten
vergisst ein Kind nicht. Heutzutage könnte man ein
knapp sieben Jahre altes Kind nicht einfach weg-
schicken, um in der Stadt Geschenke zu verteilen,
aber damals gab es wegen des Krieges keinen Ver-
kehr, nur Fahrräder und Pferdefuhrwerke. Außerdem kannte ich mich schon gut in Freiburg aus, weil
meine Großmutter mich überallhin mitnahm, wenn
sie Besuche machte oder einkaufte, auch hatte ich
einen weiten Schulweg in den Stadtteil Wiehre.
Am Weihnachtsabend wurde bei meinen Großeltern zuerst gegessen und erst danach ging man ins

andere Zimmer zum Baum. Da das Essen einfach war und der Russische Salat am Tag vorher gerichtet werden konnte, gab es für niemanden Stress. Nicht nur meine Großeltern saßen am Tisch, auch manch ein Besucher. Die drei guten Geister aßen in der Küche. Sie hatten es dort viel lustiger. Für mich war es nie eine Strafe, wenn ich zum Weiteressen in die Küche geschickt wurde, denn dort hörte ich spannende Gespräche. Ich schnappte manches auf, und fröhlich waren die Frauen allemal. Oft sangen sie die damals beliebten Schlager und Volkslieder.

Nach dem Weihnachtsessen kamen alle ins Esszimmer und erwartungsvoll war man still. Dann kam der lange ersehnte Augenblick: Mein Großvater öffnete den schweren Vorhang zwischen den dicken Säulen im Wohnzimmer und der hohe strahlende Baum erschien. Ich war völlig gebannt von dieser Schönheit. Opa spielte sehr feierlich am Flügel die Weihnachtslieder und alle sangen stehend mit. Danach wurde die Weihnachtsgeschichte vorgelesen und dann nochmals gesungen.

Zwischen dem Flügel und dem kleineren Fenster im Wohnzimmer waren lange Tische platziert, und auch von Omas Zimmer am hohen goldenen Spiegel vorbei bis zum Baum, der vor dem großen Fenster stand. Alle Tische waren mit Leintüchern bedeckt, sodass niemand vom Singen und vom Hören des Evangeliums abgelenkt würde. Darunter befanden

sich nämlich die diversen Weihnachtsgeschenke für
alle Anwesenden.

Man kann sich vorstellen, wie der Abend weiter verlief, als die Leintücher eingesammelt und zusammengelegt wurden. Es wurde wahrscheinlich Mitternacht. Ich erinnere mich nur, wie selig und müde
ich nach so einem Weihnachtsabend in meinem
Bettchen zu Füßen meiner Großeltern einschlief.

24. Dezember 1941

Das Jahr 1941 war ein schlimmes Jahr. Adolf Hitler
erlag seinem Größenwahn und befahl seinen Ge-
nerälen am 22. Juni 1941 den Überfall auf die So-
wjetunion. Am 11. Dezember 1941 erklärte er den
USA den Krieg. Das konnte nicht gut gehen. Meine
Großeltern waren sicherlich sehr deprimiert. Aber
ich spürte davon nichts. Es war für mich eine besonders glückliche Weihnacht, denn meine Mutter
war mit dabei.

Im Juni war meine Mutter aus der Heil- und Pflege-
anstalt in Emmendingen, wo sie seit einigen Monaten untergebracht war, abgeholt worden. Dank einer couragierten Psychiatrieschwester, die sich mit
meiner Mutter angefreundet hatte, wurde sie vor
der Tötung (Euthanasie) gerettet. Diese Schwester
telefonierte verbotenerweise mit meinem Großvater, dem Arzt Fritz Bartenstein, und klärte ihn über
den bevorstehenden Abtransport seiner Tochter in

einem der berüchtigten grauen Busse mit den blinden Fenstern auf. Sie teilte ihm mit, dass die Fahrt nach Schussenried in Oberschwaben in das säkularisierte Prämonstratenserkloster ginge. Sofort nahm meine Großmutter den nächsten Zug nach dem kleinen Ort Schussenried, fand meine Mutter und, wortgewaltig wie sie war, bekam sie ihre Tochter frei. Meine Mutter war ganz klaren Geistes und kam mit Oma nach Freiburg in die Gartenstraße. Sie bewohnte fortan ein kleines, gemütliches Zimmer im dritten Stockwerk.

Dort durfte ich mit meiner Mutter die Vorweihnachtsarbeiten bereiten. Wir hatten es wunderschön zusammen. Noch jetzt hängt ein 25 cm großer Engel, der eine Kerze hält, an unserem Weihnachtsbaum in der Adlerstraße 31. Meine Mutter hatte ihn mir 1941 vorgezeichnet und ich sägte ihn mit der Laubsäge aus und malte ihn an. Er hat die Zerstörung des Hauses in der Gartenstraße 18 im Februar 1945 überlebt, und mit ungefähr 14 Jahren habe ich ihn durch einen neuen Anstrich restauriert. Diese bei meiner Mutter im Schein der Lampe im niederen, kleinen Zimmer verbrachten vielen Stunden sind für mich eine Kostbarkeit für mein ganzes Leben.

24. Dezember 1942

Diese Weihnacht war weniger ruhig und feierlich als alle anderen.

Das Abendessen verlief noch wie immer und auch das Öffnen des großen Vorhangs. Der Christbaum strahlte mit seinen vielen Kerzen in seiner ganzen Größe und bunten Pracht. Man war mit den Weihnachtsüberraschungen beschäftigt, als es plötzlich knisterte und rauchte. Der Baum brennt! Der große Christbaum brennt!

Sofort befahl meine Großmutter eine »Post« zu machen, um Wasser von der Küche durch den Gang und das Esszimmer ins Wohnzimmer zu schaffen. Die Gäste, die Dienstmädchen und die Familienmitglieder hatten sich nebeneinander zu stellen und jeden Wassereimer von links in Empfang zu nehmen und schnellstens dem rechten Nachbarn weiter zu reichen. Die letzte Person beim Baum war mein Großvater, der laufend das Wasser auf die Flammen goss. Es knisterte und zischte und rauchte entsetzlich. Ich sehe mich noch heute bei der Türe vom Gang ins Esszimmer in der Reihe stehen. Von da konnte ich sehen, was mit dem Baum passierte.

Eine Menschenschlange zu bilden, um das Wasser zum Baum zu bringen, war ein gutes Vorgehen gewesen. Das Feuer erlosch nach einiger Zeit. Doch der elegante Salon im Renaissance-Stil sah schlimm aus. Die weiß-goldene Kassettendecke war angeschwärzt, wo der Baum gestanden hatte. Wir konnten nach einigen Aufräumarbeiten und vom Schock erschöpft in Ruhe schlafen gehen.

Was für eine Weihnacht! Am Weihnachtsmorgen und am Morgen des Stephanstages musste ich traditionsgemäß Dankesbriefe schreiben: meinen Großeltern Buddenberg in Berlin-Steglitz, meinem Vater nach Petsamo in Lappland und meiner Patin in Koblenz. Ich hatte am Abend vorher ein richtiges Schreibpult erhalten, das beim kleineren Wohnzimmerfenster stand. Dieses Jahr hatte ich keine Mühe, Briefe zu schreiben und musste nicht lange überlegend am Holz des Federhalters kauen, sondern konnte vom Abenteuer des Heiligen Abend erzählen, der sehr unheilig gewesen war.

24. Dezember 1943

Dies war nun die fünfte Kriegsweihnacht. Von all den Kriegsgräueln und Grausamkeiten hörte ich nichts, hatte keine Vorstellung davon. Nur durch das Radio kannte ich anlässlich der Nachrichten und der vielen »Sondermeldungen der Wehrmacht« die Worte »Murmansk, Krim, Stalingrad, Ostmark, Sudetenland, Protektorat Böhmen und Mähren, Wartheland, El Alamein« etc. Deren Bedeutungen lernte ich erst viele Jahre später kennen, als mir die Augen aufgingen, in was für eine Schreckenszeit ich hineingeboren worden war.

Meine Großmutter konnte nicht verhindern, dass ich zur Hitlerjugend gerufen wurde, zum BdM, dem Bund deutscher Mädchen, mit hellbraunem Jäckchen, weißer Bluse und dunkelblauem oder schwarzem Rock als Uniform. Ich ging gerne jede Woche ein bis zwei Nachmittage und einen Abend dorthin, denn als Einzelkind wünschte ich immer, mit anderen Mädchen zusammen zu sein. Es gab Märsche mit Musik und Fahnen. »Wir leben und sterben für unseren Führer« wurde uns beigebracht. Sportveranstaltungen fanden auf den Sportplätzen in der Schwarzwaldstraße statt, bei denen ich brillierte. Auch Liederabende mit all den nationalsozialistischen Liedern, die wir lernten, waren oft vorgesehen. An den Abenden strickten wir Socken und Schals für die armen Soldaten, die in Russland froren. Auch wurden zu Weihnachten Spielsachen für arme Kinder gebastelt. Ich fand alles toll. Meine Großeltern waren skeptisch, sagten jedoch nichts zu meiner Begeisterung.

An diesem Weihnachtsabend bekam ich eine ganz besonders schöne Puppe geschenkt, einen blonden Bub mit dem Namen »Friedebald«. Dieser Bub kam aus der Werkstatt der berühmten Künstlerin Käthe Kruse. Ich glaube, meine Großmutter war bei der Auswahl der Puppe für mich vom Namen »Friedebald« geleitet worden. Sie wünschte sich bald Frieden, und ich die Puppe. Diese wurde aber erst meine Lieblingspuppe, als ich zu Ostern eine von mir gewünschte Perücke mit langen blonden Haaren erhielt, damit die Puppe ein Mädchen werden konnte. Inzwischen hat diese Käthe-Kruse-Puppe auch schon ein bewegtes, mehr als 60-jähriges Leben mit vier Müttern hinter sich. Nach mir, der Ingrid, kam sie in die Hände unserer Töchter Katrin und Maja, dann zu den Enkelinnen, zu Tanja nach Jerusalem und nun, mit neuen Armen und Beinen und einem aufgefrischten Make-up, lebt sie bei Rebecca weiter, um uns alle zu überleben.

24. Dezember 1944

Mit elf Jahren hatte ich das heulende Elend am Weihnachtsabend in Basel im Jahre 1944. Ich war von Heimweh wie betäubt, denn alles war für mich verloren, abgeschnitten, ohne Hoffnung auf Wiederherstellung der früheren Zustände. In 20 Minuten Bombenhagel auf Freiburg i. Br. am 27. November abends um acht Uhr versank meine Kinderwelt und eine andere, kalte, graue »Welt« begann.

Dankbar soll man sein, dass man mit dem Leben davongekommen ist, aber eine 11-Jährige hat noch nicht den geistigen Horizont, um all das zu begreifen. Ist ein Kind am Leben, so ist das für das Kind eine Selbstverständlichkeit. Für den schönen leuchtenden, bunten Tannenbaum hatte ich keine Augen, ich lebte nur nach innen mit meinen Erinnerungen. Die neue Atmosphäre um mich herum war so neu und anders, dass ich sie nur schlecht ertrug.

Es ging mir ja gut, ich hatte ein schönes Dach über dem Kopf mit Wärme und Essen und wohlmeinende, liebe Menschen um mich herum. In meinem Kopf schwirrten aber nur die Gedanken herum: »Weg von hier, zurück, woher ich gekommen bin, in die Trümmer, in die Kälte, zu meinen Großeltern, zu meinen Freundinnen, meinen Mitschülern und Lehrern.« Das Einzige, was ich von »Zu Hause« dabei hatte, waren die Kleider, die ich trug, und Friedebald, die Käthe-Kruse-Puppe. Sonst erinnerte mich nichts Konkretes an früher.

Am Weihnachtsabend in Basel, in der Austraße 74, sagte Leni Bauer-Baumgartner zu mir: »Schau, da liegt ein Paket für dich, das ist von den Zöllnern abgegeben worden, die dich nachts am 19. Dezember bei der deutsch-schweizerischen Grenze rüber gelassen haben.« Ich packte es lethargisch aus und, oh Freude, es war ein wunderschönes Winterkleid. Wie gut konnte ich dieses brauchen!

Da mich am 25. Dezember die Familie Paul und Liselotte Metzger-Bauer in der Rütlistraße 43 aufnahmen, konnte ich an diesem Abend am traditionellen Fest der großen Familie Metzger teilnehmen. Dort traf ich Martin Metzger, der acht Jahre später mein Ehemann werden sollte. Aber damals nahmen wir keinerlei Notiz voneinander. Am langen, festlichen Tisch wurde das Weihnachtsessen fröhlich eingenommen. Mich beeindruckte aber mehr, dass danach die Großmutter Elisabeth Metzger-Zeugin, mit schönem weißen Haar und langer schwarzer Kleidung, sich liebenswürdig zu mir herabbeugte und mir ein Päckchen reichte. Es enthielt eine größere Schachtel mit zwanzig kleinen Frigor-Schokoladenstückchen darin, jedes einzeln eingepackt. So etwas hatte ich noch nie gesehen, und gegessen sowieso nicht. Schokolade gab es in der Kriegszeit nicht. Das war von da an in der Rütlistraße mein gut gehüteter Schatz. Jeden Tag genehmigte ich mir ein viertel Stückchen von einem Frigortäfelchen – ein unglaublicher Genuss!

Man kann sich ausrechnen, wie lange mir die ganze Schachtel Frigor-Schokolade hinreichte, auf alle Fälle weit über meinen Geburtstag im Februar hinaus, ja bis zu Ostern!

24. Dezember 1945

So plötzlich, wie ich am 19. Dezember 1944 von Freiburg Abschied hatte nehmen müssen, so abrupt war die Trennung von Basel kurz vor Weihnachten 1945.

Ich stand bei der Garderobe im Flur der Rütlistraße 43 und wurde wieder mal von der Tochter des Hauses mit unflätigen Worten überschüttet. »Lumpenpack« tönt mir noch heute im Ohr. Da öffnete sich plötzlich vehement die Türe des Wohnzimmers und Liselotte Metzger kam wütend heraus und gab ihrer 18-jährigen Tochter eine schallende Ohrfeige. Jetzt aber ging's erst recht los! Es gab eine laute Schreierei, deren Quintessenz war: »Entweder die oder ich!« So kreischte die Tochter. Eine von uns beiden Mädchen musste also aus dem Haus; klar, wer das war. Mir war es natürlich sehr recht, denn mein Heimweh hatte nicht abgenommen. Ein Jahr lang hatte ich auf einem Kalender jeden Tag mit kindlicher Hoffnung durchgestrichen. Zuerst hieß es, dass ich nur drei Monate in der Schweiz bleiben müsse, dann noch mal drei Monate und noch mal …

So kam es, dass ich mich in der Schulklasse am nächsten Tag verabschieden musste. Alle meine Sachen wurden in ein Taxi verfrachtet, samt Liebesgaben für meine Großeltern. Dann fuhr Liselotte Metzger-Bauer mit mir nach Freiburg. Weinen tat ich nicht beim Abschied von Basel, sondern ich empfand eine tiefe Freude. Das klingt undankbar, aber das war ich nicht. Nur hatte ich mich in der Basler Luft einfach nie heimisch gefühlt, mit Ausnahme der Basler Schule.

Die Lage im zerstörten Hungerland Deutschland war verzweifelt. Meine Großeltern bewohnten eine Dachkammer in der Wilhelmstraße 8, dem unzerstörten Haus meines Urgroßvaters August Bartenstein. Sie hatten für mich kein Bett, kaum Holz zum Heizen und waren eher entsetzt, nun einen dritten Esser zu haben.

Trotzdem feierten wir eine rührende, gemütliche, glückliche Wiedersehensweihnacht. Ich war vollends glücklich, die Seele war befriedigt. Wir saßen uns umarmend an einem kleinen runden Tisch mit drei oder vier Kerzen und einem Tannenzweig und sangen die altvertrauten Lieder. Um uns herum die Geschenke und die feinen Sachen aus Basel für das Weihnachtsfest und das Fest der Wiedervereinigung.

Der in den nächsten Zeiten nagende Hunger betraf den Körper, und der hat kein Gedächtnis. Ich erinnere mich nur an die Umstände, die mit der Kälte und dem Hunger zusammenhingen. Die Hauptsache war: Ich hatte kein Heimweh mehr.

Dank an die Zöllner

Es geschah am 19. Dezember 1944.
Meine Großeltern, die mich seit 1939 aufgezogen hatten, und ich waren nach dem großen Bombenangriff auf Freiburg im Breisgau nach dem Vorort Merzhausen geflüchtet.

Eines Tages kurz vor Mittag eröffnete mir meine Großmutter, dass ich mich von ihr und meinem geliebten Großvater trennen müsse. Ich solle allein versuchen, über die Grenze in die Schweiz zu kommen. Das, nachdem ich drei Wochen zuvor, am Abend des 27. November, die Heimat, die Freunde, meinen Hund und meine Katze, die Schule, einfach alles außer meinem Leben und meine Großeltern verloren hatte. Das war einfach zuviel für ein 11-jähriges Mädchen. Meine Seele war verwundet. Ich weinte bitterlich in der Küche der lieben Wirtin des Gasthauses in Merzhausen. Diese hatte mir zur letzten Mahlzeit Nudeln gekocht, meine Lieblingsspeise, und ich erinnere mich gut, wie eine Flut von Tränen in den Teller rann. Ganz alleine saß ich am großen Küchentisch, flankiert von den zwei neben mir stehenden Frauen, die versuchten, mich zu trösten.

Am Nachmittag ging meine Großmutter mit mir nach Freiburg zum kleinen Adelhauserplatz vor der barocken Kirche, die unzerstört war. Gepäck hatte ich keines, nur eine Puppe im Arm. Ihr Name war »Friedebald«. Am Adelhauserplatz wartete ein großer Möbelwagen, der zu einer Ambulanz mit Pritschen umfunktioniert worden war. Wir mischten uns unter die Schaulustigen. Aus einem Haus wurden auf Bahren betagte Menschen in den Möbelwagen getragen. Man sagte, die alten Leute seien Schweizer. Meine Großmutter redete mit dem Chauffeur. Es war anscheinend abgemacht, dass er mich mit nach Basel nehmen würde. Meine Großmutter war wortgewaltig und brachte die Menschen dazu, das zu tun, was sie wollte, oft gegen den Willen derjenigen, die sie um etwas bat.

Nun wurde es dunkel. Als Letzte musste ich hinten einsteigen. Entsetzlich war der Trennungsschmerz. Die großen hinteren Türflügel schlossen sich. Ich war wie betäubt. Für mich begann ein neuer Lebensabschnitt. Das alte Leben war abgeschnitten, im wahrsten Sinne dieses Wortes.

Es musste während der Dunkelheit gefahren werden, langsam und ohne Scheinwerfer, wegen der feindlichen, tief fliegenden Jagdflugzeuge. Im Inneren des Wagens war es trostlos. Niemand war heiterer Stimmung. Jeder war mit seinem ungewissen Schicksal beschäftigt.

Meine Großmutter hatte mich instruiert: »Sollten die Zöllner an der Grenze nach Basel dich nicht in die Schweiz hinüberlassen, nimm in Lörrach den Zug zurück. Hier ist etwas Geld dafür.« Mein einziger Trost war meine Puppe. Ab und zu wurde angehalten und ich leerte die Nachttöpfe der betagten Passagiere in der tiefen Dunkelheit. Dann ging die Rumpelei auf der kurvigen, schlechten Straße Richtung Basel weiter. Das kleine Fenster an einem der hinteren Türflügel zeigte nur Finsternis. Zum Glück, denn diese war ja unsere Sicherheit. Nach vielen Stunden erreichten wir die Grenze. Die Spannung wuchs. Ich musste aussteigen und zwischen den fremden Männern mit ihren Gewehren stehen. Unser Chauffeur gab ihnen einen kleinen Zettel, auf dem zwei Adressen standen: Siegfried Bauer, Magazine zum »Wilden Mann«, Freie Straße, Basel, und Paul Metzger-Bauer, Gustav Metzger AG, St. Jakobstraße 110, Basel. Mir sagten diese Anschriften nichts, aber den damaligen Zöllnern waren sie anscheinend nicht ganz unbekannt. Unter der einen verbarg sich ein renommiertes Damenkonfektionsgeschäft, unter der anderen war eine Herrenhemdenfabrik zu finden. Wegen der mir Angst einflößenden Situation – ich wusste ja nicht, was mit mir geschehen würde – musste ich zur Toilette. Ein junger Zöllner brachte mich hin und pflanzte sich mit seinem Gewehr vor der Türe auf. Jetzt wurde meine Angst riesengroß. In meiner Vorstellung war ich nun im Gefängnis und glaubte mich aller kindlichen Freiheit beraubt. Ich war in heller Panik. Die lange Zeit am Zoll, während der ich mich gefangen glaubte und der ganze Wagen und seine Passagiere peinlich genau untersucht wurden, ging vorüber und wir durften – alle – weiterfahren!

Bald darauf, was für eine Überraschung: Lichter, viele Lichter im Fensterchen des Möbelwagens. Es war kaum zu glauben. Die Straßenlaternen leuchteten zwischen Riehen und Basel! Das hatte ich seit Jahren nicht mehr gesehen, denn ich war die Kriegsverdunkelung gewohnt. Licht auf der Straße gab es zu Hause nicht.

Vom freundlichen Chauffeur wurde ich in das Marienheim, Eulerstraße Ecke Holbeinstraße, gebracht und eine Nonne nahm sich meiner an. Es muss schon gegen Mitternacht gewesen sein, als eine elegante Dame ins Marienheim kam und sich als Tante Leni Bauer vorstellte. Sie nahm mich zu sich nach Hause in die Austraße 74. Dort angekommen, wollte sie mich in ein herrlich frisch bezogenes Bett legen, aber ich weigerte mich: »So dreckig wie ich bin, gehe ich nicht in diese feinen Leintücher. Seit drei Wochen habe ich nur noch die Schuhe ausgezogen, sonst nichts – denn wir gingen in Freiburg seit

Ende November mit den Kleidern ins Bett, um bei Fliegeralarm gleich im Bunker zu sein. Ich will mich zuerst waschen.« Die arme, sicher schon müde Tante, die von einem Moment auf den anderen, ohne Vorwarnung, ein Kind aufnehmen musste, war gezwungen, mich so spät noch zu baden und meine Haare zu waschen.

Fünf Tage später war Weihnachten. Zu meinen Lieben in Deutschland war jeder Kontakt bis Kriegsende unmöglich. Ich war tieftraurig an jenem Weihnachtsabend. »Lueg emol«, sagte Tante Leni. »Hier ist ein Paket für dich unterm Weihnachtsbaum. Das ist für dich abgegeben worden von den Zöllnern an der Schweizer Grenze.« Tatsächlich – da lag ein ziemlich dickes Paket. In großer Freude packte ich es neugierig aus. Heraus kam ein wunderschönes, neues, wollenes Kinderkleid. Ich war entzückt. Noch heute, nach 65 Jahren, sehe ich es vor mir, es war braun wie helle Schokolade, hatte Verzierungen und lange Ärmel in weißem und braunem Pepitamuster. Die Zöllner hatten Geld zusammengelegt und »für das kleine Mädchen, das nichts als ihre Puppe hat«, etwas zu Weihnachten gekauft.
Ich trug das mir so wertvolle Kleid freudig und selbstbewusst einige Jahre, es war groß genug ausgesucht worden. Und im Laufe meines weiteren Lebens habe ich die liebenswürdige Tat der Zöllner

vielen Menschen erzählt, die sich daran freuten. Den herzensguten, unbekannten Zöllnern des Riehener Zollamtes war und bin ich immer dankbar.

(Zum historischen Hintergrund: 1944 lösten die Alliierten die Schweiz aus der Umklammerung der Achsenmächte. Damit begann sich auch die Flüchtlingspolitik der Schweiz zu ändern. Die Grenzen öffneten sich ab August derart, dass nicht weniger als 25000 Kinder und 2000 Mütter aus den Kriegsgebieten evakuiert und in die Schweiz in Sicherheit gebracht wurden. Seit dem Sommer durften gemäß Weisung der Polizeiabteilung Flüchtlingskinder, Mädchen bis 18 und Knaben bis 16 Jahren ohne Einreisevisum und Pass aufgenommen werden.)

Die gotische Hand

Das Münster von Freiburg im Breisgau ist jedem echten Freiburger »Bobbele« heilig, auch jenen, die es nur von außen ansehen. Die Stadt ohne Münster mit dem herrlichen, einzigartigen Turm – nein, das wäre nicht Freiburg. Beim großen Bombenangriff am 27. November 1944 blieb es auch wie durch ein Wunder stehen und trotzte dem Feuersturm ringsumher. Nur das Dach wurde durch den Luftdruck der Bomben zum großen Teil abgedeckt.

Auch ich wuchs auf in der Liebe zu unserem Münster. In der Schule war es nicht nur einmal das Aufsatzthema. Ein Glasfenster liebte ich besonders, jenes der Bergleute vom Silberbergwerk im »Schauinsland«, die den Bau des Münsters überhaupt ermöglicht hatten. Man sieht unten die Bergleute in der Grube arbeiten. Darüber schrieb ich des Langen und Breiten. Während des Krieges waren die Glasfenster wie alle anderen wertvollen Dinge des Münsters »ausgelagert«.

Meine Großmutter nahm mich oft mit ins Münster. Vor allem begleitete ich sie gerne zu den Maiandachten. Dabei erzählte sie mir auch von ihrer Angst als

Kind vor dem betenden Ritter mit dem Kettenpanzer, den eisernen Handschuhen, spitzen Schuhen und dem hohen Helm. Er steht in Lebensgröße an der Wand nahe dem Heiligen Grab. Später erfuhr ich, dass dies der Graf Friedrich von Freiburg sei, der 1356 gestorben war. An heißen Sommertagen suchte ich als Schülerin Zuflucht vor der Hitze im kühlen Münster, wo ich dann meine Schulaufgaben erledigte. Damals war nur an den Samstagen Markttag auf dem Münsterplatz. Vor dem Einkaufen an den Obst-, Gemüse- und herrlichen Blumenständen setzte meine Großmutter sich manchmal mit mir auf die Steinbänke in der Vorhalle des Münsters unter die zahlreichen Statuen und erklärte mir diese. Es war ein wunderbarer biblischer Anschauungsunterricht. Die klugen und die törichten Jungfrauen und der »Fürst der Welt« mit seinem schrecklichen Rücken voller Kröten und Würmer machten mir besonderen Eindruck; aber auch die Allegorien der Synagoge und der Ecclesia, wobei ich die Synagoge immer viel anmutiger und schöner fand.

Die Andacht und Mystik, welche diese Kathedrale dem offenen Menschenherzen vermittelt, ergriff und ergreift mich noch immer jedes Mal, wenn ich das Gotteshaus betrete. Während meiner Schulzeit bei den Klosterschwestern der Ursulinen durften wir 12- bis 16-jährigen Mädchen öfters an kirchlichen Festen als Chor im Münster singen. Das Lied »Tochter Zion« fand ich besonders erhebend. Die Kirche war dann mit Blumen und Fahnen festlich geschmückt, die Orgel brauste und kein Platz blieb leer.

Zu Anfang des Jahres 1946 schlenderte ich eines Morgens sehr früh und wie immer auf meinem Schulweg über den leeren Münsterplatz. Zu meinem Schrecken sah ich rund um das Münster große und kleine Steine liegen. Es musste in der Nacht ein heftiger Sturm über die Stadt gefegt sein, der alles, was nicht mehr fest saß, gelockert und auf den Platz geworfen hatte. Ich lief durch das Durcheinander und entdeckte plötzlich eine unversehrte, halb geöffnete Hand aus Stein. Diese gefiel mir so gut, dass ich sie trotz ihres erheblichen Gewichtes in meine Schultasche packte.

Diese Hand begleitete mich von da an mein Leben lang an allen meinen Stationen und war mir ein Symbol für Offenheit, Großzügigkeit und schützende Geborgenheit, je nach dem, wessen ich gerade bedurfte. Sie liegt schon lange auf dem Bücherregal über meinem Bett. Mein Mann meint, bei einem Erdbeben könne sie mich erschlagen.

In der späteren Schulzeit durfte ich manchmal die Hausaufgaben bei einer Schulfreundin im Anblick des Münsters machen, die neben dem historischen, roten Kaufhaus wohnte. Und wenig später brachte eine Hochzeitskutsche meinen Auserwählten und mich bei strömendem Regen zum Münster. Dort wurden wir im hellen Chor mit dem hohen Netzgewölbe am Hochaltar unter den Bildtafeln des Straßburger Künstlers Hans Baldung Grien vom Dompfarrer getraut.

In meinem Testament habe ich festgelegt, dass die gotische Hand nach meinem Ableben der Münsterbauhütte in Freiburg im Breisgau zurückgebracht werden soll.

Mein 8. Mai 1945

Seit dem 1. September 1939 war dieser entsetzliche Krieg, in den die ganze Welt verwickelt war, im Gange mit seinen Gräueln, mit seinen teuflischen Ausmassen.

Im April 1939 wurde ich mit sechs Jahren in Mannheim im Disterweg – Schulhaus eingeschult. In der großen Aula sah ich nur rot, die vordere Wand war mit vielen langen, roten Hackenkreuzfahnen bedeckt. Ich fand das leuchtende Rot eigentlich ganz schön, ohne zu wissen, was diese rote Wand für einen Schrecken für Millionen Menschen bedeutete, was für eine Not ohne Grenzen damit über alle kam, und dass der Strom des Elendes sich von Jahr zu Jahr vergrößerte.

Wegen dem Kriegsbeginn blieb ich nur drei Monate im Mannheimer Schulhaus. Ich kam nach Freiburg im Breisgau; nach kurzer Zeit wurde ich dann nach Biberach an der Riss evakuiert, später ins Allgäu und in den Schwarzwald und sogar nach Basel. Im Ganzen durchlief ich 16 verschiedene Schulen – raus, rein, raus, rein. Ein Wunder, dass ich etwas lernte! Die Viererreihe vom Einmaleins kann ich

immer noch am besten, weil die Lehrerin in Hinde-
lang im Allgäu so streng war. Sie hatte vier Klassen
mit Buben und Mädchen in einem großen Raum
zuoberst im Rathaus zu unterrichten, und dafür
musste sie strenge Disziplin von uns kleinen Volks-
schülern verlangen.

Der Krieg brachte also auch mein kleines Leben in
ein Durcheinander und verlangte viel Anpassung.
Nach dem großen Bombenangriff auf Freiburg kam
ich, vier Tage vor Weihnachten 1944, als Flüchtling
in die Schweiz nach Basel. Man eröffnete mir dann,
in drei Monaten könnte ich wieder zurück nach
Deutschland gehen. So strich ich in meinem Heimweh auf dem Kalender an der Wand meines Zimmers jeden Abend froh einen Tag durch – der war
überstanden. Nach drei durchgestrichenen Monaten wartete ich ungeduldig auf die Heimfahrt. Es
waren zwar nur noch Trümmer, die ich in Deutschland, egal ob in Mannheim oder Freiburg, gefunden
hätte. Nur in der Basler Schule war ich glücklich,
die übrige Zeit war für mich schwierig auszuhalten.

Am Montag, den 7. Mai 1945, um 12 Uhr, verließ
ich wie immer rennend und hüpfend, das Schulhaus. Nach dem Mittagessen heulten um zwei Uhr
die Basler Alarmsirenen auf; es war der 2076. Tag
des Krieges. Ich erledigte meine Hausaufgaben

und machte mich nachmittags auf den Weg zu einer Freundin. Als ich zum mächtigen Spalentor beim Botanischen Garten kam, sprang mir ein am Hut eines Zeitungsverkäufers gesteckter Schriftzug in die Augen: »Die ganze deutsche Wehrmacht hat kapituliert«. Es war das rosa Extrablatt der »Basler Nachrichten«. Alleine stand ich da mit dieser großartigen Nachricht, die fast nicht zu glauben war. Schnell machte ich kehrt zur Rütlistrasse 43, wo ich bei Verwandten meiner Großeltern wohnte, und vergewisserte mich, ob das tatsächlich wahr sei. Ja, so sei es, wurde mir nüchtern, wie ich die ganze Basler Atmosphäre empfand, mitgeteilt. »Churchill hat heute Nachmittag das Kriegsende verkündet«.

Der Tag darauf, der Dienstag 8. Mai 1945 wurde als Tag »V« (Victory Day) festgelegt. Nach einer kurzen Feier im Schulhaus bekamen wir am Nachmittag schulfrei.
Gegen Abend durfte ich mit Onkel und Tante auf den Münsterplatz. Dort war eine große Menschenmenge, die ruhig feierte. Es gab eine musikalische Darbietung und Gedenkreden. Eine Menge Brieftauben flog in den Himmel, die General Guisan eine Botschaft des Dankes an die Armee überbringen sollten. Ich hörte mit einer riesengroßen Freude im Herzen die Friedensglocken des Basler Münsters, die von den Türmen weithin hallten. In den

Zeitungen stand: »Freudentaumel in Paris«, »Begeisterung in Schweden«, »Freudenrausch in Dänemark«, »Enthusiasmus der Mailänder«, »Jubel in London«, »Freudenfeuer in Rom«. »Deutschland ist in den Flammen untergegangen, die es selbst angezündet hat«. Aber in Basel gab es keine lärmende Festfreude, keine überschäumende Fröhlichkeit, nur befreites Aufatmen darüber, dass der Krieg sich ausgetobt und jetzt ein Ende hatte.

Nun war ich überzeugt davon, dass jetzt nichts mehr mich aufhalten konnte, zurück nach meinem lieben Deutschland zu gehen. Doch weit gefehlt, ich musste noch acht lange Monate durchhalten. Alle fragten, warum ich denn zurück wolle, es gehe mir doch in Basel viel besser; ich hätte genug zu essen und ein Dach über dem Kopf. Beides hätte ich in Freiburg nicht mehr. Eine Vorstellungskraft davon konnte ich nicht haben. Ich erlebte erst später, wie bitter die Wahrheit war, die man mir erzählt hatte. Aber trotz Hunger und Kälte war ich dann unglaublich glücklich, in meiner Heimat zu sein, kurz vor Weihnachten 1945.

Ein Kleidertausch mit ungeahnten Folgen

Als Kind hatte ich ein Sparkonto bei der Deutschen Bank beim Martinstor in Freiburg, wohin ich alle die Fünfmarkstücke hintrug, welche ich zu Weihnachten und zu den Geburtstagen geschenkt bekam. Im Jahre 1948, ich war gerade 15 Jahre alt geworden, hatte ich ein ansehnliches Vermögen zusammengespart: 250 Reichsmark. Da aber kam im Juni 1948 die Währungsreform und es waren nur noch 25 Deutsche Mark.

Meine Großmutter erlaubte mir, dieses Geld für die acht Wochen Ferien im Sommer 1948 abzuheben, die eine Freundin und ich auf einem Bauernhof am Bodensee verbringen wollten. Wir hofften dort für unsere geleistete Hilfe genug zu essen zu bekommen. Da hatten wir uns aber getäuscht. Der Bauer steckte uns zwar manchmal etwas heimlich zu, aber die Bäuerin war geizig mit dem Essen und nützte uns aus. In jenem Jahr wurde die Sommerzeit sogar um zwei Stunden zurückgestellt, so dass wir bis abends um elf Uhr zum Arbeiten oder Ährenlesen auf dem Feld sein mussten.

Nach einiger Zeit beschlossen wir deshalb, »Reiß-aus« zu nehmen. Als die ganze Familie am Sonntag in der Kirche war, packten wir zwei unsere wenigen Sachen und fuhren über den See nach Konstanz. Dort wollten wir den Zug nach Hause nehmen. Uns fehlte aber der kleine Bauernlohn und so reichte meiner Freundin das Geld nicht für die Heimfahrt. So gab ich ihr von meinem, denn ich hatte ja noch genug von den 25 DM übrig. Ich selbst wollte den Bodensee weiter erkunden.

In einem Flüchtlingslager bei Kreuzlingen fand ich Unterkunft. Dort lernte ich eine gleichaltrige blonde Berlinerin kennen, mit der ich Wanderun-gen unternahm und eines Tages auch das Schiff nach Friedrichshafen bestieg. Auf der Fahrt schlug sie vor, unsere Kleider zu tauschen. Ich willigte ein in der Annahme, das würde bald wieder rück-gängig gemacht. Doch weit gefehlt, das Mädchen war mit meinem hübschen Kleid aus gutem Stoff aus der Schweiz dann in Friedrichshafen plötzlich verschwunden. Auch meine Geldbörse, die in der Außentasche meines kleinen Rucksacks verstaut gewesen war, hatte sie entwendet.

Zum Glück war da noch meine Rückfahrkarte nach Konstanz. Auf einer Parkbank übernachtete ich. Den nächsten Tag verbrachte ich in der Post, weil es regnete. Dort lernte ich ein gleichaltriges Mädchen kennen, dem ich mein Leid klagte und der ich sagte, dass ich arbeiten müsse, um meine Heimfahrt zu bezahlen und den Hunger zu stillen; ob sie jemanden kenne, der meine Arbeitswilligkeit brauchen könnte. Sie meinte, das wäre vielleicht möglich, sie wolle sich erkundigen. Wir machten ab, uns am nächsten Tag um die gleiche Zeit wieder zu treffen.

Die Nacht war nass, und so wollte ich im Bahnhof von Konstanz übernachten. Um Mitternacht wurde ich aber aufgegriffen und in einen riesigen Schlafsaal eines Klosters mit zahlreichen weißen Betten gesteckt. Ein Saal für »gefallene Mädchen«. Am nächsten Morgen brachte man mich vor den Jugendrichter, der mir viele Fragen stellte, die ich wahrheitsgemäß beantwortete. Er jedoch schrie mich immer wieder an: »Du lügst, du lügst!« So lange, bis ich in Tränen ausbrach. Zum Glück stand neben mir eine freundliche Fürsorgerin, die mich tröstete. Bis alle meine Aussagen überprüft worden waren, steckte man mich wieder in das Kloster. Aber ich jammerte, dass ich auf der Post ein Treffen hätte, von dem so viel für mich abhinge. In Begleitung durfte ich das Mädchen vom Vortag treffen und erhielt durch sie eine Arbeit auf der Insel Reichenau.

Ein junges Paar mit einem 4-jährigen Knaben wollte eine Woche in die Ferien und gab mir seine Wohnung mit dem Sohn in Obhut. Neben den üblichen Hausarbeiten sollte ich auch den Keller putzen und aufräumen. Das tat ich getreulich. Unter dem Gerümpel fand ich auch zwei Flaschen mit Wasser versteckt. Ich öffnete eine und war entsetzt über den Gestank des Inhaltes. Beide Flaschen leerte und wusch ich aus. Meine Arbeit für die Woche wurde mit 12 DM entlohnt, aber ich bekam einen tollen Rüffel, weil ich zwei wertvolle Kirschwasserflaschen entleert hatte. Als ahnungslose Schülerin aus dem Klosterinternat, die Goethe und Schiller intus hat, aber keine praktische Lebenserfahrung, macht man manches falsch!

Mit meinem Verdienst machte ich mich glücklich auf nach Freiburg zu meiner Großmutter. Als diese erfuhr, dass ich ohne mein schönes, rotweißes Kleid nach Hause gekommen war, wurde sie sehr zornig. »Sofort kehrst du nach Konstanz zurück und suchst das Mädchen, bringst ihr Kleid zurück und holst das deine!«, herrschte sie mich an. So musste ich den Rest meines Geldes für die Bahnfahrt ausgeben und das Berliner Mädchen ausfindig machen. Da gab es keine Widerrede, ich musste der gestrengen alten Dame gehorchen. In Konstanz suchte ich die Polizei auf und fand auch das Schwesternheim, wo die junge Berlinerin in Verwahrung war. Ich gab einer Nonne ihren Namen an und warum ich sie suche. Nach langem Warten erschien ganz kleinlaut im Spalt der hohen Türe die Blondine mit lauter kleinen Fetzen meines früheren Kleides. Sie hatte es ganz auseinander getrennt, wahrscheinlich aus schlechtem Gewissen.

Erleichtert reiste ich mit meinem letzten Geld und den Überresten meines Kleides nach Freiburg zurück. Für eine Zeitlang hatte ich genug von Abenteuern und ging weiterhin ganz brav in die Schule.

Mareille

20. April 1912 – 17. April 2003

Mareille stammte aus einem bäuerlichen Großgeschlecht aus dem Emmental und wurde 1912 oberhalb von Zäsiwil geboren. Sie war die Tochter eines Großbauern, der auch Gemeindepräsident und ein sehr dominanter Mensch war. Sie selbst war intelligent, groß gewachsen, wenig hübsch, aber eine imponierende Erscheinung, im Übrigen auch selbstbewusst.

Margrit Metzger (geboren am 29.6.1926) lernte Mareille nach dem zweiten Weltkrieg im »Lindenhof« kennen, der ältesten Pflegerinnenschule der Schweiz in Bern. Diese war zusammen mit »Bon Secours« in Genf im Jahre 1899 gegründet worden. Im Lindenhof mussten die Schülerinnen sich schriftlich verpflichten, dass sie mit in den Krieg gehen würden, sollte es notwendig sein – militärdienstpflichtig waren alle.

Im Frühling 1947 trat Margrit mit 17 Mitschülerinnen in den Lindenhof ein, um sich als Krankenschwester ausbilden zu lassen. Die Eintrittsgebühr belief sich auf 1000 Franken, was in der damaligen Zeit viel Geld bedeutete. Obendrein musste man die Bettwäsche, Frottétücher und Tischtücher selbst mitbringen und auch alle Schürzen, Hauben und die Ausgangsuniform. Vier bis sechs Mädchen teilten sich ein Zimmer.

Mareille kam einen Monat später in den Lindenhof. Sie erhielt ein Bett in Margrits Zimmer zugewiesen. Sie hatte schon ein Diplom als Säuglingsschwester von Engiried und die besten Referenzen aus Italien, wo sie gearbeitet hatte. Ein Nimbus umwehte sie, da sie schon 34 Jahre alt war und schon viel Erfahrung hatte.

Nach Mareilles Ausbildung als Säuglingsschwester kam sie 1935 nach Italien zur Gräfin Origo Val D'Orcia bei Montepulciano in der Nähe von Montecassino. Die Grafen hatten auch noch einen Palazzo in Rom und einen in Florenz. Die Familie Origo besaß noch Leibeigene, zwanzig Bauernfamilien im Val D'Orcia, das ihnen ganz gehörte. Sie sorgten sehr gut für ihre Leute, unterhielten für diese ein eigenes Spital, eine Schule und ein Altersheim. Aber im Jahre 1966 gab es in Italien eine Landreform, die Leibeigenschaft wurde aufgehoben und die Familie der Grafen Origo D'Orcia wurde teilweise enteignet. In den 80er Jahren redete Margrit Metzger mit einem jener Bauern, der ihr sagte, es sei ihnen nie mehr so gut gegangen wie unter der Herrschaft der Familie D'Orcia.

Die Gräfin Origo D'Orcia war die einzige Tochter eines der vier Eisenbahnkönige des 19. Jahrhunderts in den USA. Sie wusste ihr Leben lang nicht, wie reich sie war. Sie wuchs in einem riesigen Haus mit Park in Manhattan auf; zehn Pferde waren in den Ställen. Als junges Mädchen genoss sie eine sehr gute Ausbildung, unter anderem auch in der Schweiz, war sehr gebildet und musisch begabt. Den Grafen Origo D'Orcia lernte sie in Florenz kennen und heiratete ihn 1919 in Italien. (Später, 1946, war sie Präsidentin des italienischen Roten Kreuzes und bekam einen Orden für ihre Tapferkeit während des Krieges.)

Das erste Kind des Grafen D'Orcia, Gianni, starb 1930 an einer Infektion im Alter von zehn Jahren. Die Gräfin wollte eine schweizerische Säuglingsschwester, als sie wieder schwanger war. So fing Mareille 1935 mit einem Zehnjahresvertrag ihre Arbeit in Val D'Orcia an. Die Gräfin wollte, dass ihre Kinder kontinuierlich zehn Jahre zu Hause betreut werden. Dadurch blieb Mareille während der ganzen Wirren des Zweiten Weltkrieges in Italien.
Die Tochter Benedetta kam mit Hilfe von Mareille im Schloss 1935 auf die Welt. Ein Jahr später kam eine zweite Tochter, Donata, dazu.

Die Grafen D'Orcia hatten viele Freunde, darunter auch Bernard Berenson. Margrit war eine Woche bei Berenson in Rom in der Villa »I Tatti« eingeladen. (In der kleineren Gästevilla lebte später Yehudi Menuhin).

Die ersten Jahre verliefen ruhig. Mussolini hatte das Heft in Italien in der Hand, und als der Krieg 1939 / 1940 begann, spürte die Familie Origo D'Orcia nicht viel davon. Sie führten alle ein zurückgezogenes Leben in Val D'Orcia und fuhren nicht mehr nach Rom oder nach Florenz. Sie nahmen, wenn immer möglich, amerikanische Juden auf, hauptsächlich Intellektuelle, versteckten sie oder verhalfen ihnen zur Ausreise aus Italien.

Dramatisch wurde es 1944, als die Amerikaner in Sizilien landeten. Da wurde, als die ersten Fallschirmspringer landeten, ein kleines Spital im Schloss eingerichtet und über viele Monate zehn bis zwölf Amerikaner gesund gepflegt.

Als die Kriegsfront etwa 100 km südlich von Val D'Orcia lag, requirierten die Deutschen das Schloss und richteten darin ihr Hauptquartier ein. Bevor aber die Deutschen kamen, hatten die Gräfin und Mareille das Spital in einen geheimen Keller transferiert. Mareille war die Einzige, die – außer der Gräfin – davon wusste. Sie pflegte die Amerikaner und einen Engländer. Zugang zum Kellerverschlag hatte Mareille über einen schmalen Tunnel durch einen Kohlenberg.

Der Graf Origo D'Orcia war zu dieser Zeit als Offizier an der Balkanfront.

Mit der Zeit kamen immer mehr Deutsche. Es wurde so knifflig, dass Mareille und die Gräfin die Verwundeten bei Nacht und Nebel in ein Bauernhaus in Val D'Orcia verfrachten mussten. Wären sie von den Deutschen entdeckt worden, so wären die Gräfin, Mareille und die Verwundeten standrechtlich von der deutschen Wehrmacht erschossen worden. Sie selbst wurden schließlich so bedroht, dass sie mit den Kindern mit einem Leiterwagen in die umgebenden Wälder flüchteten.

Mareille suchte Wurzeln und Beeren zur Ernährung. Die Gräfin wusste nicht einmal, wie man Tee kocht. So schlugen sie sich drei Monate durch und fanden dann zu einer Bauernfamilie, bei denen sie sicher waren, dass sie nicht verraten würden. Dort wohnten sie, bis die Front nördlich von Val D'Orcia war und die Deutschen ihr Hauptquartier im Schloss aufgaben.

Wie die Barbaren hatten die deutschen Offiziere und Soldaten im Schloss gehaust. Möbel, Parkett, Spiegel, Sofas hatten sie kaputt geschlagen und Zigaretten auf den Teppichen ausgetreten. Alles, was nicht niet- und nagelfest war, wurde gestohlen. Eine kleine Episode: Die Gräfin sah, wie ein Deutscher ein Ölbild in ein Auto schaffen wollte. Die Gräfin sprach ihn an und fragte ihn, ob er nicht das Pendant dazu auch mitnehmen wolle. Es war ein Ahne der Grafen von D'Orcia.

Nach dem Krieg, im Sommer 1945, ordnete die gräfliche Familie das Chaos im Schloss und organisierte mit den zwanzig Angestellten die Landwirtschaft neu. Der Graf war als gebrochener Mann aus dem Krieg zurückgekommen. Er hatte eine Rückenverletzung erlitten und war seither im Rollstuhl. Das Geld seiner Frau konnte gerettet werden, weil die Gräfin Amerikanerin war.

Im Zuge des Neuaufbaues kam eine neue Verwalterfamilie nach Val D'Orcia. 1946 nahm ein Liebesverhältnis zwischen Mareille und dem Verwalter seinen Lauf. Mareille war damals 34 Jahre alt.

Zu dieser Zeit, nach dem Krieg, war für Mareille die Blüte ihres kulturellen Lebens in Val D'Orcia, weil ihr Verhältnis zur Gräfin, die durch die Notzeiten ihre Vertraute geworden war, sehr eng war. Das Schloss Val D'Orcia wurde ein kulturelles Zentrum: Viele berühmte Menschen, u. a. Benjamin Britten, Benedetto Croce, Winston Churchill und Bernard Berenson besuchten das Schloss und seine großzügigen, gastfreundlichen Bewohner.

Gleichzeitig mit der neuen Liebschaft von Mareille kamen die Töchter Benedetta und Donata Origo in ein Internat. Das machte Mareille den Entschluss leichter, die Familie Origo D'Orcia und das schöne Schloss zu verlassen und in die Schweiz zurückzukehren, sehr zum Bedauern der Gräfin.

Zu dieser Zeit, im Jahre 1947, kam Mareille in den Lindenhof in Bern. Sie weinte nachts in ihr Kissen, dadurch kam ihr Margrit näher. Mareille war eine Bewunderin von Rainer Maria Rilke, und so lernte die junge Margrit diesen Dichter kennen.

Der Lindenhof war eine Hochburg der kleinlichen Disziplin. Das fiel Mareille sehr schwer, da sie 10 Jahre ein Schloss mit dreißig Angestellten geführt hatte. Die Gräfin war damals mehr in den Wolken und betätigte sich als Autorin. Sie schrieb über Berenson, Fra Angelico, Papst Clemens IX. und ein kleines Buch »Krieg in Val D'Orcia«. (Zwanzig Jahr später sollte jemand eine Biographie über die Gräfin Origo D'Orcia schreiben.)

Ein Jahr verbrachten die Schülerinnen im Mutterhaus des Lindenhofs in Bern. Danach war ein Praktikum in anderen Spitälern vorgesehen. Mareille und Margrit kamen zusammen für ein Jahr in das Absonderungshaus (Tuberkulose) des Bürgerspitals in Basel. 13 bis 14 Stunden wurde täglich gearbeitet, nur einen freien Tag pro Woche gab es. Die zwei jungen Frauen befreundeten sich eng miteinander.

Während dieses Jahres in Basel bekam Mareille eines Tages, im Herbst 1949, einen Telefonanruf aus London. Margrit holte sie aus dem Krankenzimmer und rief: »Du hast einen Anruf aus London, komm schnell!« Mareille schüttelte den Kopf: »Das muss ein Irrtum sein, ich kenne niemanden in London.« Es war Frau Menuhin am Telefon, die Frau des berühmtesten Geigers des 20. Jahrhunderts. Sie bat Mareille, an ihrem nächsten freien Tag nach London ins Hotel Ritz zu kommen. Sie wollte Mareille als Säuglingsschwester ihres vier Monate später zur Welt kommenden Kindes engagieren. »Woher kennen Sie mich denn?«, fragte Mareille. »Durch Berensons in Rom«, bekam sie zur Antwort.

Mareille erhielt aus der englischen Botschaft ein Flugbillett und flog an ihrem freien Tag nach London. Sie erklärte Mrs. Menuhin, sie könne nicht nach England kommen, da sie im kommenden Frühling ihr Krankenschwesterdiplom ablegen müsse. Mrs. Menuhin meinte daraufhin, sie würde das mit der Schulleitung direkt erledigen.

Innerhalb zweier Wochen nach diesem Besuch reiste Mareille nach London, Kensington, zu Yehudi Menuhin, und von dort auf das große Gut bei Santa Monica in Kalifornien, das die Menuhins bewohnten. (Menuhin hatte mit fünf Jahren seine ersten Geigenkonzerte gegeben, er ist Engländer und israelischer Ehrenbürger. Er wurde in Polen geboren, verlor aber die Staatsbürgerschaft bei der Flucht.)

Die zweite Frau Menuhins, Tochter eines englischen Admirals, machte gesellschaftlichen Trubel, kommandierte ihren Mann herum und wurde durch ihn geadelt. Der Sohn Smitty (Salomon) kam im Februar 1950 auf die Welt. Im April machte Mareille ihr Examen in der Schweiz, im Lindenhof in Bern, und reiste danach sofort wieder nach Kalifornien. Der zweite Sohn, Jeremy, wurde 1951 geboren, und so blieb Mareille von 1950 bis 1964 bei der Familie Menuhin. Sie reiste ca. sechs Mal mit den Menuhins um die Welt, begleitete die Familie zusammen mit dem Hauslehrer zu den Konzerten von Yehudi Menuhin. Am Anfang reiste man immer mit dem Schiff, da Yehudi Menuhin um seine Geige Angst hatte. Ein ganzer Tross von 18 Menschen kam mit. Als einer der ersten kam Menuhin nach Jerusalem, um dort zu spielen.

Yehudi Menuhin stand täglich zwei Stunden zu Meditationszwecken auf dem Kopf, außerdem übte er täglich viele Stunden auf seinem Instrument. Er sagte, dass er es am folgenden Tag spüre, wenn er an einem Tage auch nur eine halbe Stunde weniger übe. Als Albert Einstein Menuhin Geige spielen hörte, meinte er: »Jetzt weiß ich, dass es einen Gott gibt.«

Ein Mann dieses Konzertreisentrosses war nur dazu da, um die zwei Stradivari-Geigen von Menuhin zu tragen, denn diesen durfte nichts passieren. Die anderen Begleiter waren Alberto Lisy, Menuhins Meisterschüler, diverse Reporter und zwei oder drei Freundinnen von Mrs. Menuhin sowie der Manager und Agenturleute. Es wurde immer in denselben Hotels und in derselben Suite übernachtet. Mareille hatte eine Suite mit den Kindern. Als diese größer waren, wurde Mareille die rechte Hand von Madame Menuhin.

In Gstaad kaufte Menuhin um 1960 herum ein großes Chalet. Bald darauf wurde das 14-tägige Menuhin-Festival in Gstaad gegründet. Menuhin wurde Schweizer Bürger, sogar Ehrenbürger von Gstaad. Er gründete drei Schulen für die musikalisch begabtesten Jugendlichen, in Edinburgh, Gstaad und in Kapstadt.

Als die Familie Menuhin und Mareille wieder einmal in Gstaad waren, kam die Gräfin Origo D'Orcia mit ihren Töchtern in die Schweiz und besuchte Mareille. So lernte die Gräfin die Familie Menuhin kennen. Bei dieser Gelegenheit verliebte sich Alberto Lysi in die ältere Tochter, Benedetta Origo D'Orcia, und heiratete sie ziemlich bald darauf. Sie hatten in der Folge sechs Kinder zusammen.

Mit 52 Jahren, es war im Jahr 1964, kam Mareille wieder in die Schweiz, nach Obertal im Emmental. Sie begann wieder im Lindenhof in Bern als Krankenschwester zu arbeiten. Doch 1967 erkrankte ihre Mutter schwer, und so verließ Mareille den Lindenhof, um ihre Mutter in Obertal bis zu deren Tod im Jahre 1968 zu pflegen.

In dieser Zeit bemühte sich Kari Uetz, Mareilles alter Lehrer aus der Schulzeit, um sie. Er war Witwer und hatte sechs erwachsene Kinder. 1969, mit 57 Jahren, heiratete Mareille ihren früheren Lehrer in Obertal. Mareille ließ sich ein Haus bauen, ein Chalet umgeben von einem großen Garten mit vielen Rosen. Vier Jahre lebten Kari und Mareille glücklich zusammen. Eines Sonntagmorgens wollte Kari wie üblich den Tee aufgießen und ihn Mareille ans Bett bringen. Als er nicht heraufkam, ging Mareille ihn suchen und fand ihn tot in der Küche liegen.

Ab 1968 und bis 2003, ihrem Todesjahr, besuchte Mareille jedes Jahr die Töchter Origo D'Orcia in Italien. Da sie nun Witwe geworden war, übersiedelte sie wieder nach Rom, weil Benedetta sie brauchte. Bis 1982 half sie bei der Erziehung der sechs Lysi-Kinder, unten am Tiber im Palazzo Orsini. Die alte Gräfin Origo D'Orcia starb in London-Kensington. Mareille pflegte auch sie drei Monate lang, von 1968 bis zu deren Tod. Der Graf Origo war früh in den 50er Jahren gestorben. Die zweite Tochter, Donata, hatte einen Juristen aus Turin geheiratet und zog zwei Kinder auf.

Im Jahre 1982 zog sich Mareille wieder nach Obertal zurück. Aber sie legte die Hände nicht in den Schoß, sondern half ihrem Neffen und dessen Kindern im Haushalt. Mareille hatte drei Brüder: Der älteste starb früh, der zweite war Tierarzt und der dritte Diplom-Agronom. Letzterer arbeitete in einer Versuchsanstalt für Alternativanbau und lebte lange in Finnland und Schweden.

Mareille starb mit 91 Jahren minus drei Tagen im Spital von Großhöchstetten, am 17. April 2003.

Liebste Gerdl,

ich sitze in der kleinen Wallfahrtskapelle des St. Laurentius auf dem Giersberg, deinem geliebten Berg, und bin in Gedanken bei dir, liebe, lebenslange Freundin.

Vorhin haben deine große Familie und deine unzähligen Freunde und Freundinnen von dir Abschied genommen. Eine lange schwarze Prozession von der Friedhofskapelle bis zu deinem Grab begleitete dich hinter dem Sarg.

Du warst ein ungemein beliebter Mensch und suchtest, wo immer möglich, das Positive in deinen Mitmenschen, an Dingen und Geschehnissen.

Unsere lange, tiefe Freundschaft begann 1948. Ich war damals 15 Jahre alt. In der Freiburger Volkshochschule wurde ich deine Schülerin, denn ich zeichnete und malte gerne. Du warst eine so talentierte Zeichnerin, Künstlerin; ich bewunderte deinen Schwung und dein Können.

Vom Jahr 1944 an musstest du dich und deinen kleinen Sohn Uli alleine durchbringen, und das war in der Nachkriegszeit besonders mühsam. Ich durfte dich und den kleinen Uli oft in der Starkenstraße besuchen. Dort hast du mir von deiner schweren Vergangenheit erzählt. Deinen Mann hattest du durch den Krieg verloren und hattest Zwillingsbuben aufzuziehen. Dann musstest du, wie die meisten Deutschen, die im Osten waren, fliehen. Auf der Flucht starb einer der Zwillinge. Das war noch schwerer für dich zu ertragen als der Tod deines lieben Mannes. Du kamst zu deiner Mutter in das völlig zerstörte Freiburg, in der französischen Besatzungszone, wo es kaum ein Dach über dem Kopf gab und bis 1948 Hungersnot herrschte. Einen Trostspruch hattest du, den du auch mir immer wieder sagtest: »Darum also verzagen wir nicht, sondern, wenn auch unser äußerer Mensch aufgerieben wird, so wird doch der innere erneuert von Tag zu Tag.« (2. Korinther, 16). Oder einige Jahre später wünschtest du mir: »Dass du heftig lebst, dass du liebst und wiedergeliebt weiterlebst und nie einsam verkommst.« Ich habe viel von dir gelernt für das Leben; du warst ja 14 Jahre älter als ich. Das Vorbild meiner Jugendjahre und ein Kompass, an dem ich mich orientieren konnte, bist du für mich gewesen.

Das Leben entwickelte sich weiter, wir heirateten beide und bekamen Kinder. Du wurdest glücklich mit Helmuth, bekamst eine Tochter und einen Sohn zu deinem Uli. Leider kam viel Hetze und Stress durch euer beider Beruf als Graphiker in dein Leben. Da gab dir die Natur Trost und Erholung. Du musstest nur zum Fenster eures kleinen Hauses in Kirchzarten in der Lindenaustraße hinausschauen auf die weiten Felder des breiten Dreisamtales und die Berge des blauen Schwarzwaldes. Eine unverbaute, weite Sicht lag vor eurem Atelier und vor dem Küchenfenster.

Wir schrieben uns lange Briefe und telefonierten, aber wir besuchten uns auch gegenseitig. Ihr kamt auch einmal an den Genfersee, als ich dort arbeitete. Ein Sommerausflug zum Schauinsland, Freiburgs Hausberg, mit dir und Helmuth ist mir eine besonders schöne Erinnerung. Wir waren im berühmten Hotel »Halde«. Ach, diese vielfältigen, schönen Andenken!

Trotz deiner hektischen Tage mit so viel Arbeit in der Kunst und im Haushalt, der Termine, die unbedingt eingehalten werden mussten, hattest du immer noch Zeit für deine Mitmenschen, die du mit deinem liebevollen Temperament beglückt hast. Wie begeistert hast du nicht von deinen Kindern Uli, Charlotte und Klaus und deinen vielen gut geratenen Enkeln erzählt! Mit zunehmendem Alter sagtest du immer wieder, wie lieb alle zu dir seien und wie gut es dir gehe in deinem herrlich in der Natur gelegenen Haus. Du warst tief dankbar für alles.

Und jetzt – vielleicht schaust du mir zu, wie ich in dieser Kirche unter der kleinen Orgel sitze und schreibe, während die Maiensonne alles Gold der barocken Heiligenstatuen glänzen lässt? Vorher besuchte ich noch das Grab meines Cousins Robert Dehmel und schlenderte dann wieder zurück zu deiner tiefen Grube. Zwei Totengräber waren bemüht aufzuräumen. Der eine stieg hinunter und holte den wunderbaren großen Blumenschmuck aus Lilien und Pfingstrosen heraus. Ein anderer schaufelte mit einem kleinen Bagger die Erde auf dich. Als er eine Pause machte und den Motor abstellte, begann ich ein Gespräch mit ihm. »Ja, wir landen alle einmal hier unten.« Ich bedauerte, dass es immer leerer um mich werde. »Aber«, meinte er, »das Leben bringt doch immer wieder Neues und dann denken Sie doch, diese prächtige Natur um uns.« Ich gab ihm sofort Recht. Das Leben bringt auch Wunder, von denen man nie zu träumen wagte, und die herrliche Gegend, die grünen Hügel und dunklen Tannenwälder! So richtig »heile Welt« um uns herum mit Blumen, Vögeln und Schmetterlingen.

Ich hatte einen Brief von dir zur Beerdigung mitgenommen und in der Friedhofskapelle gelesen. Du schreibst unter anderem: »Die Welt in einem Sandkorn sehen und den Himmel in einer Blume. Die Unendlichkeit in der Hand halten und Ewigkeit in einer Stunde.«

O Leben, Leben, wunderliche Zeit

Im Hause unseres Sohnes und seiner Familie steht ein alter Schrank, der als Geschirrschrank dient. Er stammt ungefähr aus dem Jahre 1880 und stand in meinem Kinderschlafzimmer im weitläufigen Haus meiner Großeltern. Dieses Haus war als »L« gebaut und im L-Anbau lag mein kleines Spielzimmer, welches mit einer hübschen Wendeltreppe mit meinem Schlafzimmer verbunden war. Als Kind nahm ich nicht groß Notiz von meinem Kleiderschrank, eher von meinem schönen Biedermeier-Schreibtisch auch vom Tisch am Fenster, der so wunderbar glänzte und gleich alt war wie der Schrank. An ihm saß ich oft, wenn es regnete oder schneite, und schaute hinaus in den Garten mit Kinderphilosophien im Kopf, das heißt, ich träumte in den Tag und bekam viele Ideen durch das Schauen. An Sommerabenden wiegte mich die Katzenmusik der Städtischen Musikschule in den Schlaf. Katzenmusik, weil dort in der Schule an der Werderstrasse (jetzt Werthmannstrasse) die Fenster offen standen, wenn es sehr heiß war und man alle Übenden auf einmal hörte. Mir gefiel es trotzdem. Manchmal kletterte ich auf den Quittenbaum ganz hinten im Garten und träumte dort, auf einem dicken Ast liegend, über die Nachbarsgärten hinweg, begleitet von dieser Kakophonie. Oft erinnert mich moderne Musik im Konzertsaal an jene schöne, träumerische Zeit.

Diese Kindheit wurde plötzlich unterbrochen durch Bomben, Feuer und Schrecken. Der schöne Schrank aber konnte aus dem brennenden Haus in den Garten gerettet werden. Auch einige meiner Spielsachen, aber längst nicht alle. Mein Bär Fritzli verlor leider seine hellbraune, seidenweiche Bärenfrau, die sich so wunderbar mollig anfühlte. Fritzli war eher der harte, blonde Typ. Was heißt »war«? Er existiert noch heute, liebevoll an Händen und Füßen geflickt von unserer ältesten Tochter.

Der Schrank wurde nach dem Krieg im Haus meiner Urgroßeltern aufgestellt, im Zimmer meiner Mutter. Wie froh war man in der Nachkriegszeit um solch ein nützliches Möbelstück! Später durfte ich dieses Objekt in meinen eigenen Haushalt integrieren. Nach drei Jahrzehnten ruhigen Lebens wurde er »herumgefugt«, wie man auf Schweizerdeutsch sagt und erlitt dabei einigen Schaden. Zuerst kam er in eine Ruine von 1559 nach Romainmôtier. Dort wurde er immer wieder mit Staub eingenebelt während der fünfjährigen Renovation des großen Hauses, das mehr als zehn Jahre leer gestanden hatte. Dann zog er in unsere schöne, kleine Wohnung in Yverdon. Er stand in meinem Arbeitszimmer, das mit seinem Balkon eine weite Sicht hatte auf die fernen Berge, manchmal sah man sogar den Mont Blanc. Wahrscheinlich träumte ich dort wie zu meiner Kindheit, denn ich heftete in seine Innenwand folgende Verse von Rainer Maria Rilke:

»O Leben, Leben, wunderliche Zeit
Von Widerspruch zu Widerspruche reichend
Im Gang oft so schlecht, so schwer, so schleichend
Und dann auf einmal, mit unsäglich weit
Entspannten Flügeln, einem Engel gleichend.
O unerklärlichste, o Lebenszeit!«

Nun, den Schrank erhielt unser Sohn, als er heiratete. Wenn ich jetzt in seiner Familie den Tisch decke oder das Geschirr versorge, sehe ich immer noch den kleinen Zettel mit diesem Gedicht, innen angeheftet an einen Flügel der Schranktüre, freue mich daran und bin gerührt, dass er noch, nach 25 Jahren dort hängt. In der Zwischenzeit kann ich natürlich diese Verse auswendig.

Warum schreibe ich das alles auf? Ich erhielt gestern einen Brief aus Frankreich, mit eben diesen Versen von Rilke, und so erwachte in mir jene Erinnerung.

Zwischen Fiesole und Florenz

Anfang der 50er Jahre verbrachte ich mit meiner Freundin Missi eine unvergessliche Zeit in der herrlichen Stadt Florenz mit all ihrer reichen Kultur, Schönheit und unvergleichlichen Atmosphäre. Unser Aufenthalt wurde verlängert durch einen Autounfall.

Wir genossen zu viert unsere Jugend in Florenz. Missi besuchte ihre Ferienbekanntschaft vom vorherigen Jahr, Bernardo, den Sohn eines Conte. Dieser hatte einen guten Freund, Piero, dessen Vater ihm einen Fiat Topolino überließ. So klein dieses Wägelchen war, so fasste es doch manchmal sieben Jugendliche, die singend und lachend durch die damals noch nicht so verkehrsreiche Stadt fuhren, an Polizisten vorbei, welche der frohen Jugend zuwinkten. Drei von uns mussten nämlich stehen und zum offenen Dach hinaus lächeln. Was für eine sorglose, fröhliche Zeit!

Einen gemütlichen Abend verbrachten Missi, Bernardo, Piero und ich oben auf dem Hügel in Fiesole. Um Mitternacht brachte uns Piero mit dem Topolino zum Palazzo der Eltern von Bernardo, der am

Hang zwischen Fiesole und Florenz lag. Ich öffnete die Autotüre und wollte, mit einem Bein schon draußen, mich von Bernardo, der mit Missi auf dem Rücksitz saß, verabschieden, als es plötzlich sehr eigenartig wurde. Ich dachte ein Schwindel hätte mich erfasst. In Wirklichkeit hatte Piero, der auch nach hinten geschaut hatte, vergessen die Bremse zu ziehen, und der Topolino war vom geraden Vorplatz des Palazzos weg die abschüssige Straße hinuntergefahren, bis eine Hauswand ihn bremste. Mein Bein war zwischen dieser rauhen Wand und dem Kotflügel eingequetscht worden.

An die Schmerzen erinnere ich mich nicht, aber an die gespenstische Szene, die folgte. Es war wie in Shakespeares Schauspiel »Macbeth«, düster und blutig. Bernardo trug mich auf seinen Armen durch das Portal in das Heim seiner Eltern zu der großen, feudalen Freitreppe. Alles war in schummriges Licht getaucht, wie im Mittelalter. Unsere Stimmen hallten vom alten Gemäuer zurück. Oben an der breiten Treppe stand Bernardos Mutter in wallendem Nachtgewand und rang die Hände. »O Dio mio«, rief sie entsetzt. Sofort rief die Contessa einen befreundeten Professore an, der daraufhin in seine Klinik in Florenz fuhr, wo wir vier Jugendlichen hinkommen durften und der Arzt mich weit nach Mitternacht behandelte. Mein ganzes Bein war aufgeschürft und am rechten Fuß klaffte ein tiefes Loch. Zum Glück hatte der Kotflügel aber die Sehne nicht durchtrennt.

Unserem jugendlichen Übermut war nun ein Dämpfer verpasst worden. Mit meinem verwundeten Bein konnte ich nichts mehr unternehmen. Aber ich durfte in dem herrlichen alten, florentinischen Palazzo mit großen, offenen Fenstern und Türen auf einem Sofa liegen, die italienische Atmosphäre genießen und Musik von Schellackplatten hören. Meine drei Kameraden betteten mich mit Kissen und Decken und dem Grammophon vor eine offene Türe, so dass ich den Park mit seinen Zypressen, Kieswegen, Buchsbaumeinfassungen und vielen Skulpturen vor mir hatte. Unter mir lag die Stadt Florenz mit ihrer Geschäftigkeit. Vom Morgendunst bis zum Sonnenuntergang genoss ich diese Aussicht. Manchmal blieben meine Freunde bei mir, aber meistens fuhren sie zu neuen Entdeckungen und Abenteuern.

Auch ich machte eine große, überwältigende Entdeckung mit meinen Augen und vor allem mit meinen Ohren. Bernardo legte eine Platte auf: Das fünfte Klavierkonzert in Es-Dur von Ludwig van Beethoven. Mit Hingabe hörte ich die Melodien; wie Ebbe und Flut in schnellem Wechsel wirkte dieses große Musikwerk auf meine junge Seele. Immer und immer wieder hörte ich dieses Klavierkonzert, bis ich jeden Ton auswendig, »by heart«, kannte.

Das Heftige, kraftvoll Aufbrausende, das sich mit den zarten, leisen Tönen mit solch einer Plötzlichkeit abwechselt, die Weichheit der Geigen, die unvermutet zum Sturm losbrechen, die Höhen und Tiefen, dieses Temperament! und dazwischen immer wieder das Plätschern, wie ein Bergquell, des klaren Anschlages des Klaviers gingen mir zu Herzen. Die Lieblichkeit mancher Töne, die schnell in Härte übergehen, in einer unglaublichen Vehemenz wie Donner und Blitz, und dann das Atemholen rauf und runter. Ein untergründiges Brummen und Brausen löst wunderbare romantische Töne ab.

All das sagte meinem ungestümen, unausgeglichenen jugendlichen Wesen zu. Ich wurde verstanden durch die Musik, alles was ich fühlte, drückte sie aus. Zum Glück war ich allein im hohen, großen Raum, so konnte ich meinen Tränen freien Lauf lassen. Beethoven gehörte mir allein, ich verstand ihn mit dem Herzen. Er hatte das Chaos des Lebens geordnet, ihm seinen Stil aufgedrückt, seine Töne ordneten sich wie von selbst nach seinem Geiste auf das Papier, er gab Sinn und Bedeutung. Eine unglaubliche Kunst, die mich mitriss. Das war es, was ein junger Mensch unter Tränen suchte.

Ich wollte zu den langsamen Melodien tanzen, doch das verwundete Bein erlaubte das nicht, so ließ ich meinen Oberkörper und die Arme wenigstens im Rhythmus sich bewegen. Und meine Seele war auch bewegt, ihr war keine Wunde hinderlich, sie flog weit, weit ins Universum. Runter und rauf, die Tonarten wechselnd, leise und laut, düster und heiter bis in die höchsten Höhen. Immer wieder legte ich den Arm mit der Nadel zum Anfang der Schellackplatte und entdeckte jedes Mal Neues. Mein eigenes Temperament liebte das »auf die Pauke hauen« ebenso wie das Flüsternde und Zarte. Ein junger Mensch von heute würde das Wort »ausflippen« gebrauchen, aber es drückt doch nicht alles aus, was ich entdeckte und fühlte.

Die Musik half sicher dem Heilungsprozess an meinem Bein und Fuß. Als ich soweit hergestellt war, dass ich mit Missi reisen konnte, hieß es Abschied von Florenz und seiner dort lebenden Jugend nehmen. Der blonde, blauäugige Jüngling Piero und ich hatten uns schon ein wenig ineinander verliebt, so dass der Abschied gar nicht einfach wurde. Die zwei Burschen versprachen aber, uns bei nächster Gelegenheit zu besuchen und von sich hören zu lassen.

Doch dem war nicht so. Missi und ich schrieben Briefe nach Florenz, die aber unbeantwortet blieben. Eines Tages kam mein Vater zu Besuch und nahm mich beiseite, um mich inständig zu bitten, nun keine Briefe mehr nach Florenz zu schicken. Mir blieb der Mund offen, als ich das hörte. Wie konnte mein Vater, der in Ludwigshafen am Rhein bei der BASF Chemiker war, wissen, dass ich Piero Briefe geschrieben hatte? Die Welt ist klein … Ich bat meinen Vater mir dies zu erklären und bohrte immer wieder nach, aber er behielt sein Geheimnis für sich, für immer.

Die Orgel

Die Orgel begleitet mich von Kindheit an bis ins hohe Alter, leider mit einem langen Unterbruch, nämlich von 1966-2007.

Als sehr kleines Mädchen nahm mich Gertrud N., meine »Amme«, wie ich sie nannte, regelmäßig zu katholischen Gottesdiensten mit, vor allem zu den Maiandachten in den Abendstunden. Gertrud war vierzig Jahre lang eine unschätzbare Hilfe im Haushalt meiner Großeltern in Freiburg im Breisgau.

Wir zwei gingen entweder in die Johanneskirche auf der »Danziger Freiheit«, wie der Platz vor der Kirche zur Nazi-Zeit hieß, oder wir waren im Münster. Was für ein starker Eindruck war es doch für meine Kinderseele, an der Hand eines geliebten Menschen bei feierlichen Orgelklängen durch das Kirchenportal ins geheimnisvolle Dunkel zu treten. Unvergesslich und prägend für das ganze Leben. Dann fielen alle Probleme ab, die ein Kind hat, auch das Treiben und Lärmen der Welt, das Schimpfen meiner Großmutter. Ich war dann in meinem innersten Lebensbezirk, in einem transzendenten Universum, ich horchte hin zu »Gott«. Und diese Ergriffenheit wiederholte sich mein Leben hindurch, sobald ich – Orgelklänge hörte.

Nach vielen Wechseln und Brüchen in meinen Kindheitsjahren, kam ich 1946 mit dreizehn Jahren in den stillen Hafen von St. Ursula in Freiburg, einem nach der Verfolgung im Zweiten Weltkrieg sich wieder aufbauenden Frauenkloster. Dort herrschten natürlich das Harmonium und das Klavier vor. Doch wir Klosterschülerinnen waren oft als Chor im Münster oder in anderen Freiburger Kirchen an Feierlichkeiten beteiligt.

Am Ende der Schulzeit kamen der Ernst des Lebens und das Strampeln nach Arbeit in der schwierigen, finanziell knappen Nachkriegszeit. Auch die Suche nach der richtigen Ausbildung und Zukunft beschäftigte mich. Nach drei Monaten Arbeit 1952 in Karlsruhe als Auslandskorrespondentin für Englisch fand ich meine Zukunft mit 19 Jahren schließlich in einem sehr lieben, verlässlichen und treuen Ehemann und drei wunderbaren Kindern in Basel..

Im Jahre 1959 zog eine Klavierlehrerin in unser Nebenhaus ein. Unsere älteren Kinder erhielten Unterricht bei der Dame, und auch ich nahm diese Chance wahr und fing wieder an, mich im Nachbarhaus im Klavierspiel weiterzubilden.

In einem Brockenhaus entdeckte ich eines Tages ein Harmonium für 100.- Fr. Sofort war ich Feuer und Flamme und hätte es gerne gekauft. Aber woher so viel Geld nehmen? Ich bettelte meine Großmutter in Freiburg an und fand Gehör bei ihr. Und so schwelgte ich bald in den Harmoniumtönen bis 1964.

Gedanken sind großartige Kräfte und der Anfang von allem. Ich erinnerte mich an meine große Liebe, die Orgel, und wünschte mir innig, an der Basler Musikschule mich als Organistin ausbilden zu lassen. Orgel spielen wollte ich, unbedingt. Bald fand ich einen Lehrer, den Organisten der Elisabethenkirche, Herrn Fassbinder. Ich übte täglich, außer an den Wochenenden, fleißig von 9-12 Uhr, und bekam wöchentlich Unterricht. Das war ein neuer Pfad, um erfüllt und zufrieden zu werden.

Die älteren Kinder waren morgens in der Schule und den vierjährigen Jüngsten brachte ich diese drei Stunden in einem Kindergarten, gerade neben der Elisabethenkirche, unter. Manchmal holte ich ihn herüber und er setzte sich neben mich. So saßen wir, in den Orgelklängen vereint, noch ein bisschen zusammen, bevor wir nach hause marschierten.

Im Reich der Musik war es mir wohl, – oft spürte ich übersprudelnden Jubel. Hände und Füße glitten begeistert hin und her, wenn ich entsprechend geübt hatte. Die Lieder, die ich spielte, waren mir Heimat, innere geistige Heimat. Nichts ist schöner als Orgel spielen! Es gab meinem Leben als Mutter und Ehefrau ein zusätzliches Glück.

Plötzlich zog kalter Winter im Jahre 1966 in meine Seele: Meine Großmutter starb im Februar und im Juni meine Mutter, einige Monate später auch ihr Bruder, mein Patenonkel. Das Orgelspiel half mir durch die Trauerzeit. Doch jäh wurde auch das zerstört.

Eines Tages meinte mein Orgellehrer, ich sei nun soweit und könnte es wagen, mich bei der Musikhochschule anzumelden und dabei vorzuspielen. Der Direktor der Basler Musikhochschule fragte mich beim Vorstellungsgespräch als erstes: »Wie alt sind Sie?« »33 Jahre alt« antwortete ich, worauf er ausrief: »Viel zu alt!« Damit wies er mich ohne eine Chance, ihm zeigen zu können, was ich gelernt hatte, ab.

Dieses Erlebnis löste in mir einen tiefen Schock aus. Ich konnte Jahrzehnte lang keine Orgelklänge mehr hören und mit dem Klavierspielen war es bei mir auch vorbei. Niemand machte mich darauf aufmerksam, dass ich ja auch ein anderes Orgeldiplom absolvieren könnte, nicht nur jenes der Musikhochschule. Ich sprach auch nicht über meinen Schmerz.

Und wie es so geht, das Leben entwickelt sich anders, als man es selber vorhat. Im Jahr 1969 begann ich an der Basler Universitätsbibliothek als Volontärin zu arbeiten und hatte 1974 mein Diplom als wissenschaftliche Bibliothekarin in der Tasche. Weiterhin arbeitete ich als Archivarin und war damit zufrieden, denn es ist ein interessanter Beruf, in dem man dauernd nach allen Richtungen dazu lernt.
Was hat der Computer mit dem Orgelspiel spät in meinem Leben zu tun? Als Archivarin macht man viele Recherchen, dies auch per Internet. An einem dunklen Dezemberabend kam mir der Einfall, im Internet nach meinem Freund aus der Kindheit zu

suchen, mit dem ich so oft in den Kriegsjahren vierhändig Klavier gespielt hatte. Seit Jahrzehnten hatte
ich ihn aus den Augen verloren. Zu meinem Erstau-
nen war meine Suche positiv und eine beidseitige
große Freude, sich wieder zu finden. Er hatte es ge-
schafft, Musiker zu werden, und ist, außer vielem
anderen, auch glücklicher Organist! Dank ihm kam
die Orgel wieder in mein Leben. Zum Spielen war
ich nun wirklich definitiv zu alt, aber nicht zum Hören. Neue Zeiten brachen an, als mir mein Freund
in einer kleinen barocken Kirche im Schwarzwald
zwei Stunden Orgel vorspielte. Ich war überwältigt
und selig, es war unsagbar schön. Keine Worte, nur
Musik brauchte es bei unserem Wiedersehen nach
so langer Zeit. Der Orgelbann war gebrochen.

Durch Musik kann ich mich am besten erforschen,
und das tat ich fortan. Durch die Macht der Töne
bin ich vom Irdischen abgehoben und spüre die Tiefen in mir, große Freiheit, Frieden und Ruhe. Jetzt
im Alter kann ich mir das Abgehobensein erlauben.
Alles zu seiner richtigen Zeit! Mein Vater hatte mir
einmal gesagt: »Der dritte Akt des Lebens muss
der beste sein«. Ich verstand ihn damals nicht, aber
jetzt, da ich selbst in der Endzeit lebe, schon. Die
Uhr des Lebens tickt und schlägt und läuft, aber für
mich nun wieder mit dem Zauber der Orgel. Dieser
begleitet mich bis zum Ende.

Morgen in Rive

In Reih' und Glied auf den Stangen der Débarcadère warten die Möwen dem Tag entgegen. Nyon* erwacht.

Der Epicier schaut vergnügt mit seiner Frau zum Fenster hinaus auf den See, die Berge und die dahin ziehenden Wolken. Der einsame Velohändler, die Milchfrau, der verstrubbelte Coiffeur und einer seiner Kunden genehmigen sich ihren »ristretto« und ihre »croissants« am Fenster des Bistros.

Da kommt auch schon der Briefträger daher, und das erste Schulkind schlendert die Straße entlang; fasziniert von den bunten Bildern bleibt es lange vor dem auf dem Trottoir aufgestellten Postkartenständer stehen. Nicht so viel Zeit wie das Kind haben die jungen Herren, die neben ihm in den Zeitungsladen stürmen und mit der »Tribune de Genève« oder dem »24 heures« wieder hinaus zu ihren glänzenden Autos eilen, der Arbeit und ihrer Karriere entgegen.

---

* *Rive ist das Quartier am Seeufer von Nyon am Genfersee (1976)*

Eine junge Frau, den Schulranzen ihres kleinen Jungen am Arm und ihren Sohn an der Hand, strebt der Schule zu. Nun wird der erste Sack voll Päckchen und großen Paketen vom Postwagen abgeladen, und Herr Roger mit seiner »Helvetia« marschiert sportlich seinem Laden zu, voll Energie. Der freundliche Bäcker von der Rue St. Jean hat ein Lächeln und ein Wort für jedermann – trotz des frühen Aufstehens! In seiner weißen Jacke, den Arm voll langer, weißer Brote, flaniert er am Ufer des Sees entlang und scheint sich des Morgens zu erfreuen. Ein Bäcker ohne Eile: Das ist möglich in Nyon.

Mit dem Besen tritt nun der bärtige Epicier aus dem Haus und kehrt bedächtig das Trottoir; danach trägt seine Frau ihre Gemüse- und Obstkörbe vor den Laden und nimmt sich Zeit, alles recht appetitlich und adrett der Kundschaft vorzulegen. Die Müllabfuhr kommt mit großem Lärm, auch das muss sein.

Es wird belebter. Elegante Damen mit eleganten Hunden erscheinen zum Kaffee. Die Sonne bricht durch die Wolken und unser Epicier, die zwei Souvenirläden, das Café, alle lassen ihre bunten Sonnenmarkisen herunter.

Ein neuer Kunde für den Coiffeur winkt vom Laden her, er möchte bedient werden. »J'arrive«, ruft der Herr Coiffeurmeister durch das Restaurant. Wie schön: Die grauen, ehrwürdigen Steinhäuser aus dem 18. Jahrhundert mit ihren wohlproportionierten, abgerundeten Fenstern leuchten in der Sonne und das fließende Wasser aus dem Doppelbrunnen reflektiert die Sonnenstrahlen.

Einen der Clochards hat die Sonne schon herausgelockt. Er schleicht am See entlang, schlurfend, und füttert die Möwen, Enten und Schwäne. Er freut sich und jene freuen sich nicht minder. Auch ein junges Mädchen hat Brot übrig. Ihr rotes Haar und der grüne Mantel flattern lustig im Westwind und die großen Vögel kreischen ohrenbetäubend. Allmählich öffnen sich einige der großen Fenster und – Schwupps – da ist ein molliger, weißer Berg an der Luft, mit morgendlichem Schwung folgen die Leintücher und Wolldecken nach.
Hotelgäste mit ihren Koffern treten aus dem Hotel »Nyon« zum Auto, unschlüssig, ob sie das schöne Städtchen am Seeufer mit den freundlichen Bewohnern verlassen oder noch einen Tag oder so dazugeben sollen. Wer verlässt schon gern solch eine Idylle, solch eine Landschaft, solch ein ruhiges und doch reges Plätzchen?

Jules und Simone in Menétrux-en Joux

Das Dorf Menétrux hatte um die Jahrhundertwende vom 19. zum 20. Jahrhundert ca. 200 Einwohner, heute jedoch nur noch 48, wenn man jene dazuzählt, die weit unten im Tal leben.

Eines der Geschlechter von Menétrux war die Familie Grappe. Der Vater von Jules war Jacques Grappe und die Mutter Reine Grappe. Fünf Männer des kleinen Dorfes fielen im ersten Weltkrieg und hinterließen ihre armen Frauen mit den Kindern. Auch Jacques Grappe hinterließ eine Witwe in bitterer Armut mit zwei kleinen Kindern, die 2-jährige Marie und den gerade mal ein halbes Jahr alten Jules.

Eine Witwen- und Waisenkasse gab es damals noch nicht, auch keine französische Fürsorge oder Kriegsopferunterstützung. Zum Glück hatte Reine Grappe ein kleines Haus, das an eine Ferme angebaut war. Sie besaß auch zwei Kühe, einen Ochsen, ein paar Ziegen, Kaninchen und Hühner und einen Garten. Im Parterre war eine Wohnküche eingerichtet und im oberen Stockwerk zwei Dachkammern. Zum Kochen und Heizen gab es eine offene Feuerstelle, aber fließendes Wasser existierte nicht im

Haus. Das Wasser musste man am Dorfbrunnen holen.

Ständiger Begleiter war der tägliche Hunger. In die Schule gingen die Kinder nie, denn sie mussten zu Hause helfen, damit sie nicht verhungerten. Spielen, das kannte Jules nicht, dazu blieb keine Zeit. Niemand ging zu Reine Grappe, um zu sagen, die Kinder sollten zur Schule gehen, denn alle hatten Angst vor ihr, sie hatte »Haare auf den Zähnen«.

Die drei, Reine, Marie und Jules, waren Selbstversorger, ihr Garten und die Tiere gaben alles, wenn auch wenig; natürlich nur wenn man Garten und Tiere gründlich pflegte und versorgte. So gab es immer viel Arbeit.
Sobald Jules dazu in der Lage war, musste er den Stall übernehmen, Marie übernahm die Kleintiere. Die Mutter spann Ziegenwolle. Sie besaßen auch einige Äcker in der Umgebung, z.B. jene, auf denen jetzt die »Prinche« steht. Drei bis vier Mal im Jahr musste Jules morgens um 3 Uhr mit einer Kuh zu Fuß zum Viehmarkt zum 24 km entfernten Clairvaux-les-Lacs. Er stieg zum Tal hinunter und den steilen Weg durch die Wälder nach Bonlieu, Saissia (im 17. Jahrhundert lebten dort Spanier) und bei Clairvaux wieder hinauf. Dort stand dann das Büblein den ganzen Tag und wartete, dass man ihm

die Kuh oder das Kalb abkaufte. Die Bauern fragten nach dem Preis und betasteten die Kuh, gingen aber immer wieder weiter. Gegen Abend musste er mit der Kuh zurück laufen. Er hatte Angst vor der Mutter, weil er das Tier nicht verkauft hatte. Manchmal liefen die Viehhändler zehn km hinter ihm her und sagten, sie würden ihm die Kuh abkaufen, aber nur zur Hälfte des Preises. Er gab dann die Kuh und lief heulend heim.

In den Wäldern schlug er mit 13 Jahren eine Vertiefung in einen Stein und goss Wasser hinein. Er wartete, bis ein Vogel dort trinken wollte, und schoss diesen dann mit Pfeil und Bogen ab, wonach er ihn heim zum Mittagessen brachte. Das war in den 20er Jahren zur Zeit der großen Depression.

In der Ferme, dem großen Nebenhaus, lebte die Familie Richard. Die Mutter starb früh und hinterließ zwei Kinder, Danielle Richard und ihren Bruder. Monsieur Richard war ein böser Mann. Er handelte ab und zu mit Vieh, kaufte aber nie bei Jules und seiner Mutter ein Stück; diese Kühe seien nicht von guter Qualität, meinte er. Wenn Monsieur Richard einen guten Handel abgeschlossen hatte, so durfte der Käufer mit der Tochter Danielle schlafen. Das ganze Dorf wusste das.

In den 30er Jahren ging es im Hause der kleinen Familie Grappe etwas besser. Jules konnte, als er größer war, im Wald arbeiten und Geld verdienen, und Marie trat eine Stelle als Dienstmädchen an.

Der alte Monsieur Richard im Nebengebäude starb Anfang der 30er Jahre und der Sohn übernahm den Hof auf die gleiche Weise wie sein Vater. Die Tochter Danielle aber begann sich zu wehren, sie wollte nicht mit den Viehkäufern ins Bett. Sie musste Haushalt und Garten besorgen, flicken und stricken etc. Ihr Bruder wurde mit der Zeit ein Quartalssäufer.

In Menétrux gab es ein Bistro, dort, wo heute noch am Torbogen eingemeißelt »Cafe« zu lesen ist. Es gab im Bistro nur zu trinken: Schnaps, Wein und Bier. Eines Abends im Winter, der Schnee lag hoch, ließ sich Monsieur Richard junior mit Alkohol volllaufen. Er kehrte stockbetrunken heim, rutschte auf dem nicht geebneten Weg aus und fiel in den Schnee. Er grölte und rief um Hilfe, weil er alleine nicht mehr aufstehen konnte. Das Dorf aber exekutierte ihn, viele hörten ihn, kamen aber nicht zu Hilfe. Es war reiner Mord. Am Morgen lag er erfroren im Schnee, weil er so ein Ekel war, genau wie sein Vater. Alle hatten ihn gehasst, weil er sich unmöglich aufführte, auch als Viehhändler, weil er seine Schwester quälte, weil er asozial und immer wieder betrunken war. Man hatte sich nicht abgesprochen, ihn erfrieren zu lassen. Telefone gab es zu dieser Zeit nicht. Am Morgen bahrte man ihn in seinem Haus auf und rief den Pfarrer. Polizei gab es auch nicht. Der Pfarrer fragte nicht, betete und sagte: »Morgen ist die Beerdigung.« Kein Mensch redete darüber, auch der Pfarrer nicht, der genau wusste, was da vorgefallen war.

Danielle Richard hatte von da an endlich Ruhe und lebte noch siebzig Jahre alleine in der Ferme, die innen jedoch voller Schimmel war. Sie wurde dennoch 91 Jahre alt und starb 1988. Danielle hatte zwei uneheliche Töchter, deren Väter wegen des Viehhandels nicht zu eruieren waren. Fünf Jahre vor ihrem Tod versuchte sie mit einem Herrenfahrrad zu fahren. Nach zehn Metern fiel sie um und brach sich eine Hüfte. Von da an lebte sie in einem Altersheim bei Dôle.

Für Jules ging das Leben weiter bis zum Zweiten Weltkrieg. Im Jahre 1937 hatte er Simone V. bei einem »Balle champêtre« kennen gelernt (zum Schluss gibt es bei diesen Anlässen immer eine Schlägerei). Bald danach verlobte er sich mit ihr.
Simone arbeitete als Zimmermädchen in einem Hotel in Dôle. Sie konnte lesen und schreiben. Jules´ Mutter aber wollte nicht, dass er ein »Gschleif«

habe, sie hintertrieb diese Liaison, außerdem sei sie ja arm und habe nichts!

Beim Ausbruch des Krieges 1939 war Jules 21 Jahre alt und musste als einer der ersten in den Krieg ziehen. Nach einigen Monaten hatten die Soldaten ein kleines Gefecht im Norden von Frankreich. Weil die Deutschen in der Übermacht waren, ergaben sich alle französischen Soldaten gleich. In Süddeutschland kam er dann in ein Gefangenenlager, wo es ihm sehr schlecht ging, er litt sehr unter Hunger und Kälte. Belgier, Luxemburger und Franzosen waren in dem Lager, in dem bald darauf die Ruhr ausbrach. Hunderte von Menschen starben daran. Die Latrine lag am Ende eines Feldes. Dort legte man die Toten ab, manchmal auch in die Latrine. Es war schrecklich und Jules hatte sich damit abgefunden, dass auch er bald sterben würde, so schwach wie er war. Doch abgehärtet durch die harte Kindheit überlebte er.

Eines Morgens wurde gefragt, wer unter den Gefangenen von Landwirtschaft etwas verstände. Jules meldete sich. Daraufhin wurde er nach Ostpreußen auf einen sehr abgelegenen Bauernhof verfrachtet, wo eine Frau mit zwei kleinen Kindern lebte. Ihr Mann war eingezogen worden und sie musste alleine den Bauernhof bewirtschaften. Am Anfang ging es Jules dort schlecht. Er durfte nur aus der Schweinetränke im Stall etwas essen und musste auch dort schlafen. Er ging auf die Knie und bat Gott, er möge ihm in seiner Schwachheit helfen und ihm Kraft geben. Reden durfte und konnte er mit niemandem.

Jules besorgte nur den großen Stall mit 60 Kühen und die Schweine. Mit der Zeit, nach ca. neun Monaten, wurde die Frau freundlicher und er durfte in der Küche essen. Auf diesem Hof verbrachte er vier Jahre, lernte etwas deutsch und verstand sich mit den Kindern.

Inzwischen entstand in Frankreich bei Poligny die Demarkationslinie. Aber 1944 überfielen die Deutschen das ganze Land. Im Nachbardorf von Menétrux, in Ilay, befanden sich Widerstandkämpfer. Diese hatten beim Hauptquartier der Deutschen, im Wald beim See Bonlieu, deutsche Soldaten überfallen. Daraufhin nahmen die Deutschen Rache, indem sie nachts um vier Uhr das Dorf Ilay an vier Ecken anzündeten. Es wohnten dort eigentlich nur noch Frauen, Kinder und alte Leute, die Männer waren im Krieg. Drei Viertel der 200 Dorfbewohner starben bei diesem Brand. Simone verlor zwei Tanten und eine kleine Nichte in jener Nacht. Die Résistance kidnappte beim Hauptquartier 25 Deutsche nach dem Brand, sperrte sie in eine Kirche und erschoss sie alle. Wenn man später in Simones Gegenwart von Deutschland oder von Deutschen redete, verstummte sie.

In Ostpreußen durfte indessen Jules in den letzten Monaten seines Aufenthalts dort die Milch des Bauernhofes in das nächste Dorf bringen, wo Käse gemacht wurde. Das war eine halbe Tagesreise. Der Krieg war schon lange zu Ende, als ein Mann bei der Milchablieferung Jules fragte, warum er eigentlich noch hier sei, der Krieg sei ja schon lange beendet. Er und auch die Bäuerin hatten von nichts gewusst, es gab dort weder Telefon noch Radio, und von den Russen hatten sie auch niemanden gesehen.

Gleich schnürte Jules sein Bündel, verließ die Bäuerin und ihre Kinder und lief aufs Geratewohl los, bis er auf ein Bauernfuhrwerk stieß, das ihn zu einer Eisenbahnstation brachte. Dort sprang Jules auf einen Zug auf, der ihn nach Kiel gelangen ließ. Er hatte keine Ahnung von Geographie, aber er kam nach Hamburg und Straßburg. Er wusste, dass er nach Paris musste. Diese Reise dauerte mehrere Monate. Unterwegs bekam er Suppen an den Bahnhöfen oder jemand gab ihm ein Stück Brot. Als er in Paris gelandet war, half ihm jemand nach Dijon zu kommen. Von dort ging es weiter nach Dôle. Dann lief er zu Fuß zwei Wochen diese 100 km. Eines Tages erreichte er Menétrux, er wusste selbst nicht wie.

Das war im Jahre 1947. Er fiel der Mutter um den Hals und freute sich nach so langer Zeit, wieder in seiner Heimat zu sein und Simone wieder zu sehen. Diese hatte auf ihn gewartet, aber die Mutter hintertrieb diese Beziehung noch drei Jahre lang. Endlich im Jahre 1950 konnten Jules und Simone heiraten und zusammen in eine der zwei Dachkammern bei der Mutter einziehen.

Bald nach der Hochzeit bekam Simone eine Eileiterentzündung und musste operiert werden. Dadurch wurde sie unfruchtbar. Die Schwiegermutter machte Simone die ganzen Jahre hindurch einen latenten Vorwurf, dass sie keine Kinder bekäme.

Ein anderer Dorfbewohner, Gaston Janier, kam aus der Gefangenschaft und übernahm die Sägerei seiner Familie. Dort fand Jules Grappe Arbeit, er bediente zwei Maschinen und schliff Sägeblätter. Gaston Janier hatte sich die Sägerei unter den Nagel gerissen. Er war vor seinen Cousins André und Lucien Janier nach Menétrux zurückgekommen. Als die Brüder André und Lucien später auch heimkehrten, fanden sie dieses Fait accompli vor. Seither herrschte Streit im Dorf. Schließlich machte Lucien Janier eine kleine Dreherei auf, wo auch Simone Arbeit finden konnte. Sie bereitete Lackbäder vor, putzte und lackierte Holzknöpfe und Stuhlbeine. Sie ließ sie trocknen und tunkte sie in ein anderes Lackbad.

Die Mutter, Reine Grappe, kochte, während die beiden jungen Leute auf der Arbeit waren. So ging es bis 1972. In diesem Jahr kaufte der Schweizer Arzt Hans Hug das Land von Jules und ließ die »Prinche« bauen. Er richtete ein Telefon bei Jules ein und kaufte für Jules und Simone später auch ein breites Bett, denn nach dem Tod von Reine Grappe im Jahr 1983 konnten Simone und Jules endlich hinunter in das große Zimmer ziehen, in die Wohnküche. Simone putzte später in der »Prinche«. Hans Hug zahlte den beiden auch jährlich zwei Ferienwochen. Das hatten sie vorher nie gekannt, Reisen oder arbeitsfreie Tage.

1987 verkaufte Gaston Janier seine Sägerei und Jules wurde arbeitslos. Kriegsgefangene durften mit 50 Jahren in Frankreich in Pension gehen. Daraufhin kaufte Jules mit Hilfe von Hans Hug eine Schleifmaschine und wurde »Affiteur«, Schleifer. Er schliff noch zwei Jahre Sägeblätter. Dann sagte er immer wieder »je ne sais pas ce me tombe deçu«. Er kränkelte und Hans Hug diagnostizierte Bauchspeicheldrüsenkrebs.

Am 9. Juli 1990 wollte Jules unbedingt noch anlässlich des 70. Geburtstags von Hans Hug einen Parkplatz anlegen. Am 11. August 1990 starb Jules Grappe im Spital von Lons-le-Saunier. Jules hatte immer wieder gesagt, das große Glück seines Lebens sei Hans Hug gewesen, »le docteur«.

Im Jahre 1996 kam Monsieur Faron als neuer Besitzer in die Ferme, die Danielle Richard bewohnt hatte. Seither fühlte sich Simone nicht mehr wohl in ihrem Häuschen, denn Faron machte sich überall breit, kam zu ihr, um etwas zu essen, nahm ihr den Stall weg, riss die Scheune verbotenerweise ab, nahm ihr Werkzeug weg etc. Deshalb verbrachte sie von da an die Winter im Maison de repos in Clairvaux.

Dort starb Simone Grappe am 12. Dezember 1999. Sie war am 16. Februar 1922 geboren und wurde 77 Jahre alt.

Der Besucherüberfall

In mein sommerliches Wohnwagen-Idyll am Thuner See, wo ich an einem Buch arbeitete, drang eines Tages eine mir unbekannte 81-jährige Dame aus Deutschland ein. Mein Mann hatte ihr meine abgelegene Adresse angegeben und sie hatte alles daran gesetzt, mich zu finden. Damals war ich verantwortlich für die Administration und Kasse der internationalen Rilke-Gesellschaft und deshalb suchte sie mich auf. Sie wollte allem Anschein nach eine finanzielle Unterstützung.

Nach dem improvisierten Abendessen in meinem Wohnwagen rezitierte die Dame bei Kerzenlicht über eine Stunde auswendig Gedichte von Rainer Maria Rilke und zwei Duineser Elegien. Es war ergreifend und sehr romantisch in meiner kleinen Bleibe. Nach Mitternacht richtete ich ihr in meinem »Wohnzimmer« durch Versenken des Tisches ein Bett. Sie war trotz ihres hohen Alters überhaupt nicht anspruchsvoll. Am nächsten Morgen wollte sie am Thuner See bleiben. Ich musste ihr klar machen, dass sie nicht weiterhin in meinem Wagen übernachten könne und schloss diesen demonstrativ ab, um meiner Arbeit am Buch in einem schönen alten Berner Landhaus nachzugehen. Aber ich bot ihr an, für kurze Zeit bei uns in Basel bleiben zu können, was sie dankbar annahm.

Es vergingen Sommer, Herbst und Winter. Meine Arbeit war abgeschlossen und das Buch beim Verlag, aber die alte renitente Dame wohnte immer noch bei uns in Basel. Um etwas Geld einzunehmen, organisierte ich in unserem Haus einen Rilke-Vortragsabend für sie. Es kamen ca. 60 Leute, um ihre wirklich guten Rezitationen zu hören. Es wurde ein anregender Abend, den eine Kollekte für die Dame abschloss.

Eines Tages erzählte unsere Mitbewohnerin von einer Plattenfabrik in San Francisco, die ihre Rilke-Rezitationen aufnehmen wolle, doch das Geld für diese weite Reise habe sie nicht. Eine gute Gelegenheit, dachten meine Familie und ich, sie endlich, ohne grausam sein zu müssen, aus dem Haus zu komplimentieren. Also gaben wir ihr das Reisegeld, was damals nicht so billig war wie heutzutage. Es klappte aber nicht, denn sie hatte eine Freundin von mir kennen gelernt, die sie in ihre Einzimmerwohnung in der Innenstadt von Basel aufnahm. »Nur für einige Tage vor der Abreise«, hatte Madame gebeten. Tatsache war, dass meine Freundin, um die inzwischen 82-jährige Dame nach Monaten los zu werden, die Wohnung kündigen und ausziehen musste.

In jenem Jahr wurde die Tagung der Rilke-Gesellschaft in Saas-Fee abgehalten. Der Präsident und ich bestiegen bei der Abreise vom Hotel ein Elektrotaxi mit unserem Gepäck, um den entfernten Bahnhof zu erreichen. Plötzlich hörten wir Schreie hinter uns und ich entdeckte die alte Dame, die hinter unserem langsamen Gefährt her rannte. Die Taxifahrerin wollte anhalten. »Nein, um Gottes Willen fahren sie weiter!«, rief ich. Unser Zug fuhr auch gleich ab und so waren wir gerettet. Ob Madame M. V. je nach San Francisco fuhr, konnten wir nicht in Erfahrung bringen. Ein Freund von uns entdeckte sie ein Jahr später in einem Restaurant in Thun. Anscheinend zog es die alte Dame an den schönen See, in dem sich die Schneeberge spiegeln. Oder suchte sie den gemütlichen Wohnwagen mit der gutgläubigen Frau?

Das Jenseits?

Als der Bruder meiner Mutter, Claus Bartenstein, fünfundzwanzig Jahre alt war, wanderte er nach Nordamerika aus. Er hatte im Jahre 1928 Arbeit bei der Autoindustrie Ford in Detroit als Automechaniker gefunden, später beim Flugzeugbau.

Seine Mutter schrieb ihm 1936, jetzt könne er wieder zurück nach Deutschland kommen, die Arbeitslosigkeit sei dank der »Bewegung« (NSDAP) überwunden und er würde sicher eine Arbeitsstelle in der Heimat finden. So kehrte er 1937 zurück nach Freiburg im Breisgau.

Doch nach einem halben Jahr teilte er seinen Eltern mit, er könne nicht bleiben und müsse zurück nach den USA. »Ihr bekommt einen Krieg«, prophezeite er ihnen, »da will ich nicht mitmachen«.

Erst 1957 kehrte Claus für einen Besuch bei seiner Mutter zurück. Der Vater war 80 jährig 1951 gestorben. Als ich 1933 geboren wurde, war Claus Bartenstein als mein Pate auserkoren worden. Später, nach dem Krieg, als es uns schlecht ging, hatte ich daher den berühmten »Onkel in Amerika«, den jeder gerne gehabt hätte! Wir bekamen ab und zu wunderbare Care-Pakete, wie man sie nannte, von ihm geschickt. 1957 lernte ich ihn dann endlich kennen. Wir verstanden einander sehr gut, waren wir doch im gleichen Haus und Milieu, in Freiburg aufgewachsen und von der gleichen Frau erzogen worden, von Mathilde Bartenstein.

Claus kam von da an jedes Jahr für einen Besuch nach Freiburg. Es war wohl 1964, vielleicht auch 1965, als wir über den Tod ein Gespräch führten und abmachten, dass der, welcher zuerst von uns sterben würde, dem anderen ein Zeichen geben würde, wenn es noch etwas nach dem Tod gäbe. 1966 starb seine Mutter und kurz darauf meine Mutter und einige Monate darauf auch Claus. In Freiburg sagten die Leute »Frau Bartenstein hat ihre Kinder geholt«.

Es vergingen zwanzig Jahre, ohne dass ich an das Gespräch und jene Verabredung mit meinem Onkel mehr dachte. Aber eines Tages – ich arbeitete als Archivarin an der Universitätsbibliothek von Basel am Nachlass von Prof. Edgar Salin – erhielt ich von der Witwe, Isa Salin, einen Telefonanruf : »Heute habe ich eine ganz interessante, umwerfende Erfahrung gemacht. Ich war bei einem englischen Medium. Das wäre doch auch für Sie interessant. Die Dame hat noch etwas Zeit übrig in Basel, melden Sie sich doch bei ihr«, und sie gab mir eine Telefonnummer.

Einige Tage später saß ich, gespannt, was da geschehen werde, vor dieser englischen Dame. Sie begann: »I hear the name Peter«. Ich konnte mit diesem Namen nichts anfangen und sagte ihr das. So folgte von ihr: »I hear the name Peter and Michael«. Da fiel der Groschen bei mir. Das sind ja die Namen der Söhne meines Onkels Claus Bartenstein in USA! Und jetzt erinnerte ich mich auch der Abmachung mit Onkel Claus, welche ich ganz vergessen hatte. Er hat mir also doch eine Nachricht gegeben bei der ersten Gelegenheit, die er hatte!

Ein längeres Gespräch folgte mit der Dame. Sie meinte am Ende, ich hätte die Fähigkeiten eines Mediums und solle mal darüber nachdenken. Fünf Jahre lang tat ich das und meldete mich dann für einen zweijährigen Kurs an beim Psi-Verein. In diesen zwei Jahren machte ich unglaubliche Erfahrungen mit Dingen, die für uns Irdische unfassbar sind. Es gibt Wellen und Dinge, welche mit und um uns leben, die wir nicht begreifen, über die wir nur noch staunen können. Ich machte eine Prüfung am Ende dieses Kurses in Vitznau am Vierwaldstättersee vor 50 Zuhörern und hatte großen Erfolg. Danach kamen noch drei Prüfungen in Basel in kleinem Kreis, bei denen es auch klappte. Ich frug danach den Leiter des Psi-Vereins Basel, wie diese erstaunlichen Dinge denn funktionieren würden, und er antwortete: »Das weiß ich auch nicht, obwohl ich mich schon 25 Jahre lang damit beschäftige«.

Mein Vater war Naturwissenschafter und sagte mir: »Nach dem Tod gibt es nichts mehr, alles ist einfach fertig«. Eines Tages, ungefähr ein Jahr vor seinem Tod, brachte ich ihm ein mit Pastellkreide gezeichnetes Bild. Darauf sah man eine junge Frau mit braunem Haar und braunen Augen. Ich erklärte ihm, dass diese Zeichnung für mich im Arthur Finchly College in Stansted gezeichnet wurde. Ein Medium hatte dann auf ein Tonband geredet und gesagt, dies sei eine Schwester meines Vaters etc. Ich wollte es nicht glauben, denn die junge Frau auf dem Bild hatte dunkle Haare und Augen und die ganze Familie, so viel ich wusste, war doch blond mit blauen Augen. Mein Vater wurde sehr nachdenklich, als er das Porträt sah und klärte mich auf: »Doch, das ist meine Schwester, Gertrud Buddenberg, sie war meine Lieblingsschwester«. »Von der weiß ich ja gar nichts«, meinte ich erstaunt. »Sie ist sehr jung, schon mit 24 Jahren an der Zuckerkrankheit gestorben. Sie hatte tatsächlich dunkelbraune Haare und braune Augen.« Hat die Schwester ihren Bruder vielleicht auf den Tod vorbereitet? Mein Vater hat nie mehr von diesem Vorfall geredet.

Wisswiss

Im Jahre 1992 wurde auf einem Waldhügel 10 km westlich von Jerusalem im jemenitischen Dorfe Givat Yearim ein schneeweißes Kätzchen geboren. Die Mutter hieß Schnurrli, weil sie so gut schnurren konnte, besonders auf dem Schoß von Tanja, der Tochter der Familie Lehmann-Metzger. Und da war noch eine zweite »Mutter«, nämlich Wanna, eine große, rabenschwarze Labradorhündin. Sie schleckte und pflegte liebevoll die neugeborenen Kätzchen um die Wette mit der eigentlichen Mutter. Katzen hatten es bei dieser Familie besonders gut. Sie bekamen reichlich zu essen, vor allem viel Eiweiß in Form von Eiern, denn Givat Yearim war ein Hühnerdorf, d. h. ringsum standen Hühnerbatterien und die Luft war voll Gegacker. Außerdem erhielten die Katzen, drei an der Zahl, Großmutter Mioumiz, Mutter und Kind, außergewöhnlich viele Streicheleinheiten und hatten einen riesigen Auslauf im parkähnlichen Garten und im Dorf mit vielen Verstecken; auch der Mäusefang war lohnend. Auf der großen Terrasse befand sich das Katzenparadies: Puppenwagen mit weichen Kissen, Liegebett, Geländer zum Balancieren, und auch das Fressen wurde dort serviert. Trotz all dieser guten Voraussetzungen hatte das weiße Katerchen Wisswiss einen ängstlichen und scheuen Charakter entwickelt. Vielleicht lag der Grund seiner Ängstlichkeit in der äußerst schweren Geburt, bei der die Mutter fast gestorben wäre. Nur zur 8-jährigen Tanja wuchs das Vertrauen, die beiden liebten einander.

Das Paradies hörte nach 4 Jahren auf. Ein Umzug in die Stadt, ins Zentrum von Jerusalem, machte dem Glück ein Ende. Wie schwer war es sich umzugewöhnen! Nur eine Katzenseele vermag dies zu begreifen. Zuerst wurde einem jegliche Freiheit entzogen; alle Katzen mussten tagelang im Haus bleiben, um sich an die neue Umgebung zu gewöhnen. Wisswiss, jetzt ein stattlicher Kater, schmiegte sich noch mehr an Tanja und eroberte die weiche Decke von Tanjas Bett. Das Jungmädchenzimmer lag abseits des Familienlärms, was dem Kater behagte. Außerdem unterstützte er Tanja in der Einsamkeit und bei der Konzentration auf die Schulhausarbeiten.
Die Jahre vergingen: Givat Yearim war vergessen, Jerusalem war annehmbar geworden. Tanja beendete erfolgreich ihre Schule und – oh weh – zog fort in den 2-jährigen Militärdienst. Wisswiss hatte sich mit seiner Mutter ein Nestchen außerhalb des Hauses gebaut, eines das winterfest war, nämlich ein Kistchen mit Lumpen im Heizungsraum neben der Terrasse. Wanna war ja noch da, die Labrador-

Hündin, die große Freundin von Wisswiss. Mit ihr wurde gespielt und außerdem half Wanna bei der Katzenwäsche mit und leckte Wisswiss mit einem Gemisch von Liebe und Sauberkeitsfimmel bei jeder Gelegenheit ab.

Eines Tages im Dezember wurde neues Heizöl für den Winter eingefüllt. Der Tankmann war eilig und nachlässig. Er ließ den Öltank überlaufen. Vor Schreck sprang Wisswiss aus seinem Nest, und da überall Öl auf dem Boden ausgelaufen war, rutschte das Unglückstier aus, so dass der ganze hintere Teil des Katers voll stinkigem Öl war.

Abba Lehmann begriff sofort das Unglück, packte Wisswiss mit kräftiger Hand und steckte ihn in ein warmes Bad, um ihn gründlich einzuseifen. Doch es half wenig, Wisswiss wurde durch das Öl schwer krank, fraß nichts mehr und tat nichts mehr. Am dritten Tag schien es ein wenig besser zu gehen, etwas Appetit kam zurück und das Laufen war möglich. So durfte Wisswiss nach draußen.

Das war fatal, denn der geschockte Kater kam nicht mehr nach Hause. Große Trauer im Hause Lehmann, ja Verzweiflung, denn nach vier Tagen seiner Abwesenheit musste man annehmen, dass Wisswiss umgekommen sei.

Tanja war fern in Akko bei ihrer Marine-Einheit. Wie entsetzlich, diese schwere, traurige Nachricht Tanja mitzuteilen! Katrin, Tanjas Mutter, weigerte sich, das zu tun. Schließlich aber telefonierte Tanjas Abba nach Akko, um Tanja die traurige Nachricht vom Tode Wisswiss´ mitzuteilen. Tanja weinte sehr und erzählte es all ihren guten Kollegen, die daraufhin Tanja zu trösten versuchten.

Nach einigen Tagen ging Wanna wie immer mit Katrin spazieren. Da – was war das? Etwas Weißes bewegte sich, war das nicht Wisswiss? Eben gesichtet und schon wieder verschwunden im dichten Gebüsch, in das kein Mensch eindringen konnte. Kein Locken, kein Rufen, kein zärtliches Schmeicheln half. Tanjas Abba versuchte es, Tanjas Brüder Ilan und Micha versuchten es. Nichts zu machen. Wisswiss drang nur noch tiefer in die Wildnis, trotz des strömenden Regens, allen Lockversuchen zum Trotz. Der Schock war zu groß gewesen für das ängstliche, scheue Kätzchen. Allen war klar, dass Wisswiss wenn überhaupt, dann nur auf Tanjas Stimme hören würde, aber Tanja war ja nicht da.

Von all diesen Geschichten hörte Tanjas Freundin Tilli. Sie sagte, sie werde am nächsten Tag Tanja in Akko besuchen und ihr sagen, dass Wisswiss lebe. So geschah es. Tilli beschwor Tanja, ihrem Vorgesetzen, dem Marineoffizier, die Katzentragödie zu erzählen und um Urlaub zu bitten, damit Tanja den Kater eventuell umstimmen könne, wieder nach Hause zu kommen, wo vor einigen Tagen so Schlimmes passiert war.

Tanja machte sich keine Illusionen, aber um nichts ungetan zu lassen, um ihren Wisswiss zu retten, nahm sie allen Mut zusammen und fragte den Offizier um Urlaub, damit sie das kleine Wesen retten könne. Unglaublich! Der tierliebe Offizier gab Tanja frei und so fuhren Tilli und Tanja gleich mit dem nächsten Überlandbus die 180 km nach Jerusalem.

Zu Hause lief die Retterin sofort zu jenem Versteck, dem undurchdringlichen Gebüsch, und rief bittend hinein: »Wisswiss« – und oh Wunder, da erschien schwach und wackelig ein weißes Pelzchen, d. h. hinten waren keine Haare mehr an dem armen Kätzchen. Zögernd kam Wisswiss zu Tanja, seiner großen Liebe. Tanja immer leise rufend und bittend, Wisswiss langsam schwankend hinterher, so gingen sie die dämmrige Straße entlang bis in die Nähe des Hauses an der Even-Sapir-Straße 13. Dort aber weigerte sich Wisswiss, mit in den Hof zu gehen und dem Hause näher zu kommen. Die Angst saß ihm zu tief in den Knochen. Vielleicht gab es da ja immer noch dieses verdammte Öl, das auf der Terrasse herum schwamm? Es dauerte lange, brauchte viel Geduld und Schmeichelei von Tanjas Seite. Nach langem Locken – endlich – gelang es doch, Wisswiss davon zu überzeugen mitzukommen.

Ach, was für eine Seligkeit, Tanjas Bett! Und gutes, leichtes Fressen für das halb verhungerte Tierchen. Die ganze Nacht im Bett bei Tanja schlafen, das rettete das Katerchen Wisswiss. Die langjährige, innige Beziehung und Menschlichkeit hatten Wisswiss vor dem langsamen Tod gerettet.

Weit weg, in Basel, hörten wir von dieser Geschichte. Tanja erzählte uns alles am Telefon und sagte: »Und da gibt es Leute, die sagen, Tiere hätten keine Seele!?«

Bar Mitzwa von Micha Simon Lehmann in Jerusalem am 3. und 5. April 2008

Unsere älteste Tochter, Katrin Metzger, heiratete im Oktober 1979 Dan Lehmann, einen Biologen aus Israel. Heute wohnen sie mit ihren 3 Kindern mitten in der Stadt von Jerusalem in einem originellen Haus, umrahmt von einem wunderschönen Minigarten voller Blumen, Zitronen- und Mandelbäumen.

Zu viert kamen wir aus Zürich am Mittwochabend, dem 2. April 2008, an. Schon um 7 Uhr 45 rief am Donnerstagmorgen die Gemeinde der Synagoge an, sie seien alle in der Bet Ha Knesseth versammelt und würden auf Micha warten; dabei war erst auf acht Uhr abgemacht. Mit seinem Abba und seinem zehn Jahre älteren Bruder Ilan machte sich Micha auf den Weg, neu ausstaffiert mit Hemd und langen Hosen. Wir Frauen und Nichtjuden kamen später dort an und wurden, nach Männern und Frauen getrennt, hereingeführt. Die Synagoge war schon voller Menschen. Als ich eintrat, war Micha gerade am Singen mit seiner schönen, vollen Stimme. Er las an diesem Tag zum ersten Mal in seinem Leben ein kurzes Stück aus der Thora. Es war der erste Teil des Wochenabschnittes, 3. Buch Moses, Kapitel 12 und 13. Er beinhaltet drei Themen: Gebote für die Wöchnerin, Gebot der Beschneidung (Brit Mila) und Gebot für die Aussätzigen. Für das ganze Morgengebet trug er zum ersten Mal die Gebetsriemen (Tefillin) und einen weißen Gebetsmantel mit blauen Streifen. Die Gebetsriemen, welche die Juden um die linke Hand wickeln, wo das Herz ist, sollen eine Erinnerung an die Thora sein, wie auch das schwarze Kästchen, das sie zwischen den Augen tragen (5. Buch Moses, Vers 6 und 7 »… und du sollst sie binden zum Zeichen an Deine Hand und sie sollen dir ein Merkzeichen sein zwischen deinen Augen«).

Nach der Zeremonie ging die ganze Festgesellschaft, Familie und Freunde, in einen schönen Saal zu einem opulenten Brunch. Katrin hatte alles wunderbar organisiert mit vielen verschiedenen Darbietungen. Es wurden fröhliche hebräische Lieder gesungen mit der Klavierbegleitung von Noam, Ilan begleitete mit seiner Gitarre und Micha mit der Klarinette. Für Martin spielte man »When the saints come marching in« und für mich »Die Forelle« von Schubert. Auch an Basel wurde gedacht, indem Martin und Tanja »Z'Basel an mim Rhy« sangen, wobei mir die Tränen kamen, so schön war das. Sogar »Lueget vo Bärg und Tal« wurde nicht ausgelassen. Katrin dirigierte die ganze große Gesellschaft zu einem Kanon und fünf Freunde von Micha sangen für ihn ein Liebeslied, das der Fußballclub »Betar« von Jerusalem als sein eigenes Lied erkoren hat: »In meinem Herzen brennt ein Feuer«. Sie sangen es auf ihren Fußballbegeisterten Freund Micha umgemünzt »In Deinem Herzen brennt ein Feuer, nicht nur du bist aufgeregt, weil heute deine Bar Mitzwa ist. Dein Lachen strömt wie Wasser mit deinen wunderbaren Flanken auf dem Fußballplatz ›Kraft‹ in Jerusalem«. Auf deutsch reimt es sich leider nicht so schön. Michas Tante Channa las »Dr. Suss«, umgeschrieben auf Micha mit viel Insiderwitz. Als letzte Lieder sangen alle mit Inbrunst das hebräische Lied »Noch habe ich nicht genug geliebt, wenn nicht jetzt, wann dann?« und »Wir glauben, wir glauben, wir haben uns an niemanden anzulehnen, außer an unseren Vater im Himmel, Israel, Israel vertrau' auf Gott, er ist unser Schutz und unsere Hilfe«. Zum Abschluss zeigte sich nochmals das strotzende, frohe Leben, indem alle, die wollten, – ich gehörte auch dazu, – im Kreise ausgelassen zu israelischen Volksweisen tanzten.

Das Fest der Bar Mitzwa ist immer am Sabbat nach dem dreizehnten Geburtstag. Am Donnerstag vorher, am 3. April, feierte die große Lehmann-Familie mit ihren Freunden ein geselliges Beisammensein mit Musik (Am Sabbat darf keine Musik gemacht werden.) Am Sabbat, den 5. April, fand dann das eigentliche Fest statt.

Um 9 Uhr morgens begann in der Synagoge der Vorbeter, Chagai Lehmann, ein Cousin von Micha, das Morgengebet aus dem Gebetsbuch vorzulesen. Danach kam der große Moment, da Micha den ganzen Wochenabschnitt aus der Thora mit dem silbrigen, langen Finger als Zeichen seiner Volljährigkeit zum ersten mal vorlesen durfte. Micha hatte sich ein Jahr lang unter Anleitung seines Abbas darauf vorbereitet. Nun wurde die Thora wieder eingerollt, mit Samt und Silberschmuck verpackt und Micha trug stolz die Thorarolle durch die ganze Synagoge unter dem freudigen Singen und Klatschen der Gemeinde.

Nach dem Lesen aus den Propheten wurde Micha mit Süßigkeiten bombardiert, vor allem von seinen zahlreichen übermütigen Freunden, aber auch aus der Ecke der Frauen, so dass er sich unter seinem Gebetsmantel schützen musste. Alle Kinder kamen aus den Bänken gestürzt und sammelten mit Eifer, jeder so viel wie möglich, alle Bonbons und Schokoladen auf. Im Nu war alles aufgeräumt. Nach vorne trat sodann der 93 jährige Herr Weil und hielt eine Auslegung des Wochenabschnittes, eine Predigt mit anschließenden Segenswünschen für Micha. David Lehmann, einer der Onkel von Micha, kündigte den Neumond an und sagte das Schlussgebet. Um die Feier zu beenden, gab es noch eine Rede des Gemeindevorstehers Gidon Mamrot:

»Im Namen unserer kleinen Gemeinde ist es mein Wille, die liebe Familie Lehmann zu segnen, Katrin, Dan und Kinder. Sie ist eine wichtige Grundfeste in unserem Haus und wir sind glücklich, alle Lehmannfilialen als Gäste aufzunehmen. Unsere Gemeinde, die dieses Jahr ihr 80. Jubiläum feiert, wurde von Einwanderern aus Deutschland, der vierten und fünften Einwanderungswelle gegründet, so dass unsere Wurzeln mit den Wurzeln deiner Familie zusammen kommen.

Kindererziehung ist ein besonderes Kapitel in der Weltanschauung des Judentums und die Thora gebietet uns mehrere Male, wie z.B. ›... und du sollst die Worte Gottes deinen Kindern einschärfen und davon reden.‹ Der Rabbi Josua Ben Chanania, einer der großen Mischna-Lehrer, hat gesagt, man soll schon die Wiege mit dem Säugling in das Lehrhaus stellen, um seine Ohren zu gewöhnen, die Stimme der Thora aufzunehmen. Und später, wenn man in der Schule die Buchstaben lernt, ist es eine Gewohnheit, sie mit Honig zu bedecken, auf dass die kleinen Kinder die Buchstaben und der heiligen Sprache aufsaugen mit der Süßigkeit. In der Mischna, im Band ›Väter‹, wurde festgelegt, dass man mit fünf Jahren lesen zu lernen beginnt, mit zehn Jahren die Mischna und mit dreizehn die Gebote zu lernen hat. Jetzt beschäftige ich mich nicht mit Erziehung, aber eine der wichtigsten Eigenschaften im Leben eines Menschen in Israel ist sein Eintritt in die Volljährigkeit, das Joch der Thora auf sich zu nehmen und gleichberechtigt zu sein in der Familie Israel. Dieses Ereignis geschieht, wenn der Knabe dreizehn Jahre alt wird und dann heißt er Bar Mitzwa (Sohn des Gebotes), er ist dann ein Mann des Gebotes.

Micha, von klein auf ist deine Gegenwart in der Synagoge spürbar gewesen. Du wurdest der Liebling der Betenden. Du hast angefangen vorzubeten ›Anim smirot‹ (ich werde singen), als du noch nicht das Pult erreichen konntest und mit der Zeit hast Du immer mehr vorgebetet. Du hörtest den Vorbeter und hast sofort die Melodien erfasst. Du zeigtest immer Interesse. Als du zwölf Jahre alt warst, hat dein Vater sofort angefangen, dich in das Thoralesen einzuweisen. Du hättest gerne auch aus den Propheten gelesen. Die Gemeinde erinnert sich, wie du draußen auf der Treppe saßest und lerntest, bevor du den Pult erreichen konntest.
Abschließend: Deine Selbstsicherheit, Zielstrebigkeit und dein Glaube haben uns nicht zweifeln

lassen, dass du von all den vielen Kindern, die zur Thora gekommen sind, alle überstiegen hast. Was Deinen Namen angeht, Micha, sind dies die Anfangsbuchstaben von ›Wer ist wie du?‹ Du hast auf deine spezielle Art Freunde und Kinder aus deinem Quartier in die Synagoge gebracht und sie so an unsere jüdischen Quellen geführt. Das ist ›du sollst deinen Nächsten lieben wie dich selbst‹. Micha, ich könnte dich loben bis zum Abendgebet, aber lass uns heute nicht so viele Worte machen. Ich kann nur hervorheben, dass du wahrscheinlich mein Nachfolger in der Gemeindeleitung wirst. Du hast heute sehr genau aus dem Wochenabschnitt der Thora und aus den Propheten vorgelesen und ich hoffe, dass du in diesem Sinne im Leben weiter gehst. Glänze weiter im Lernen, in der Gesellschaft und in der Familie und Gott soll mit dir sein und deine Herzenswünsche erfüllen. Viele Male hast Du Süßigkeiten auf andere Kinder geworfen und heute bist du an der Reihe. Sie haben Schokolade auf dich regnen lassen, auf dass dein Leben voll und süss sein wird. Wie üblich in unserer Synagoge schenke ich Dir ein Gebetsbuch und ich möchte unseren Priester Cohen, der extra vom Ausland gekommen ist, rufen, dich zu segnen. Mazal tov ale vehatslach! (Viel Glück, mögest du aufsteigen und Erfolg haben)«

In der Synagoge wurde sodann der Kidusch zeleb-
riert und ein Apéro für alle geboten. Boas (den ich
als Baby hütete und der nun schon verheiratet ist)
reichte mir ein Glas Wodka, das ich brav trank und
sehr gelöst wurde, aber leider konnte ich trotzdem
nicht mehr hebräisch reden als »Mazal tov«.

Da Sabbat war, spazierten alle zu Fuß zur Rehov
Even Sapir 13. Das Wetter war ideal und so konnte
das große, gute Mittagessen für die zahlreiche Familie und einige gute Freunde, mehr als 50 Leute,
im Garten, auf der Terrasse und in zwei Zimmern
des Hauses serviert werden. Die Jugend spielte lachend und schreiend Karten, die Verliebten lagen
zusammen glücklich in der Hängematte, die kleinen Kinder wurden liebevoll betreut, so wie auch
die Großeltern. Der dreiundneunzigjährige Pat-
riarch, Elijahu Lehmann und seine Frau Margit,
konnten ihre 29 Enkel und Urenkel stolz überschau-
en. Nur einer, der gerade in USA weilt, fehlte. Und
die sieben dreizehnjährigen Buben saßen mit Micha
auf der zweiten oberen großen Terrasse, wo sie ein
bequemes Sofa mit voll gedecktem Tisch, mit einem
Sonnensegel darüber, vor sich hatten und nebenan
eine sturmfreie Bude.

Der Katze war der Trubel nicht geheuer. Sie ver-
kroch sich in einem Rohr, aus dem sie jammernd un-

aufhörlich miaute, bis sich einige Leute erbarmten und sie retteten. Dem Berner Sennenhund »Stella« dagegen gefiel die Menschenmenge, nicht nur das Streicheln, auch die Pouletknochen nahm er liebend gerne entgegen. Das ganze Fest war umrahmt von bunten, duftenden Blumen, Rosen, Fresien, Kapuzinern, Geranien, Stiefmütterchen, Löwenmäulchen, Kaskaden von Glyzinen und Flieder.

Gegen fünf Uhr abends hatten sich alle Gäste befriedigt und glücklich verabschiedet. Katrin und ihre Helferinnen streckten erschöpft »alle Viere von sich«. Sogar der Familienhund schien sehr gedämpft. Er hatte sich wohl überfressen.

Big John

»May I speak with Ellie?«, frug eines Tages im Herbst 1969 ein groß gewachsener junger Mann an unserer Haustüre. Ellie war eine zwanzigjährige, hübsche Amerikanerin, die für ein Jahr bei uns als Tochter des Hauses wohnte, um in Basel zu studieren und deutsch zu lernen. Unsere einige Jahre jüngeren Töchter hatten großen Spaß mit der temperamentvollen Ellie und erst recht unser zehnjähriger Sohn, der es liebte, mit ihr herumzubalgen, wozu Ellie jeweils lauthals kreischte.

Ellie war gerade verreist, aber wir baten den jungen Mann ins Haus. Er stellte sich als John Berke vor und war auf der Durchreise von Israel nach den USA. Es wurde ein Besuch von »Big John« (wie wir ihn nannten) von 25 Jahren, mit Unterbrüchen. Immer wieder versuchte er draussen sein Glück und regelmäßig zerschlug es sich und dann kehrte er in den Schoss unserer Familie zurück. Er hatte uns einfach adoptiert als seine Familie; in den USA hatte er keine mehr. Seine geliebte Großmutter, die ihn aufgezogen hatte, war gestorben.

Mit der Zeit lernten wir einander näher kennen, und sein Vertrauen zu uns wuchs. Wir erfuhren, dass er wegen Scheckbetruges einige Jahre in den USA im Gefängnis gewesen war, dass er geflüchtet sei und seither mit dem Namen und Pass eines Verstorbenen lebe; dass er Jude sei, sich seine Nase hatte operieren lassen – und noch viele Geschichten, die mich immer skeptischer werden ließen. Geld hatte er keines, er lebte von uns. Oft war ich wütend, dass mein sauer verdientes Geld – ich arbeitete in der Handschriftenabteilung der Universitätsbibliothek von Basel – von ihm amerikanisch großzügig ausgegeben wurde, für viele Päckchen Zigaretten und sonstigen Luxus.

Eines Tages verdoppelte sich Big John. Er brachte ein reizendes, blondes dänisches Mädchen namens Marianne ins Haus. Mit der Zeit nannten unsere Bekannten unser Heim »Metzgers house of Hippies«, denn der Jugendlichen wurden immer mehr. Wir hatten Jahre lang eine Amerikanerin, eine Deutsche und einen Italiener bei uns beherbergt und unsere Kinder brachten viele Freunde und auch Fremde nachhause. Eines Tages kam mir ein Fremder auf der Kellertreppe entgegen. Ich fragte ihn erstaunt, was er hier mache, und er antwortete: »Ich wohne hier«. »Aha«, gab ich zur Antwort, »interessant, ich wohne nämlich auch hier«.

John und Marianne wohnten unten im Basement, wo ein Schlaf- und Fernsehzimmer und eine Dusche mit WC eingerichtet sind. Im Keller, diesem Zimmer und in der Garage nebenan fanden fröhliche Partys mit Matrazenlagern statt. La »Dolce Vita« war im Schwung. Unsere Töchter wollten lieber selbst ihre Partys organisieren als in der Runde von anderen Festen Hasch konsumieren zu müssen. Big John konnte wunderbar Gitarre spielen und dazu mit seiner tiefen, warmen Stimme amerikanische Lieder singen. Er fing dann damit an, in Kleinbasler Spelunken zu singen, um Geld zu verdienen.

Nach einigen Monaten zerbrach die Liebe von John und Marianne, und John wanderte wieder weiter nach Israel. Wir liehen ihm dazu 2000.- Sfr. und mit den Jahren noch manch anderen Zustupf, was alles in den Sand gesetzt war, denn wir warteten vergebens Jahre lang auf die Rückgabe dieses Geldes.

Es verging kaum ein Jahr, da war er wieder da, diesmal mit einer dunklen Spanierin, Carme (ein katalonischer Name ohne »n«) hieß sie. Einige Zeit blieben sie bei uns, dann zog John mit Carme nach Spanien. Sie studierte Philosophie und John verdiente das Geld mit Englischstunden an einer Schule in Barcelona. Dieses Glück währte nicht sehr lange und John war wieder vor unserer Haustüre, ohne Carme. Wie immer kam er unangemeldet und war es eine Überraschung für uns.

Nun begannen wieder die langen Abende mit tiefgründigen, englischen Gesprächen in unserer Wohnküche, der Seele des Hauses. Martin und John verstanden einander bestens. Nur einmal wurde Martin wütend über John, als dieser Martin gute Ratschläge über das Führen seiner Ehe gab und behauptete, er würde seine Frau nicht richtig behandeln! John gab jedem gute Ratschläge, aber mit seinem eigenen Leben kam er nicht zurecht.

Wir verlebten alle zusammen, inklusive Alliv, unserem Hund, einen schönen Sommer und Herbst in der Einsamkeit des Rehhags, unserem Ferienhaus, das 30 km von Basel in den Jurabergen liegt. Danach flog Big John nach USA und kam mit einem Auftrag zurück, ein spezielles, großes Buch in Europa zu verkaufen. Er reiste also in den europäischen Ländern umher und verkaufte mit unterschiedlichem Erfolg das gewisse Buch. Dabei fand er wieder eine Frau, die geheiratet werden musste, eine kleine hübsche, blonde Pariserin; Christine F. war ihr Name. Wir waren alle zur Hochzeit auf dem Montmartre eingeladen. Es war ein rauschendes, unvergessliches Fest. Das Brautpaar war prächtig anzusehen, Big John schlank und groß in pickfeinem Frack, und die charmante Braut umspielte eine weiße Wolke von

Brautkleid und Schleier. Die Sonne schien und alle waren fröhlich und sahen die Zukunft rosarot …

Die zwei Glücklichen gingen auf zu neuen Abenteuern, zuerst in Frankreich und schließlich in Norwegen. In Frankreich verkauften sie Champagner und in Norwegen Lachs. Diesmal dauerte es länger, bis Big John wieder bei uns erschien. Wir waren sogar bei dem jungen Ehepaar in ihrem Ferienhaus in St. Remy de Provence eingeladen. Just an jenem Wochenende im November 1988, als sich in der Nähe von Basel die Katastrophe von Schweizerhalle ereignete, die den Rhein und die Luft von Basel verseuchte.

Leider ging in Oslo die Ehe doch wieder in die Brüche. Jeder von den beiden behauptete, der andere gehöre in ein Irrenhaus. Wo landete Big John? An der Adlerstrasse in Basel, als gebrochener Mann, den es aufzupäppeln galt. Christine flüchtete zu ihrer Mutter bei Paris. Nun blieb John wieder lange in Basel und ich wurde schon ungeduldig. Da traf Big John bei einer Reise in die Provence eine junge Hotelsekretärin, Rosalie hieß sie. Beide zogen in eine schöne Wohnung im Elsaß bei Mulhouse. In Basel bekam John nach drei Monaten keine Aufenthaltsbewilligung mehr, aber er konnte als Pendler in Basel eine Arbeit finden. So reiste er täglich zwischen

Basel und Muhlhouse mit seinem Auto hin und her. Wenn Rosalie zu ihrer Familie in Cannes fuhr, wohnte Big John bei unserem Sohn im Haus, das nur eine Minute von uns entfernt lag. Die Abende verbrachte er dann meistens bei uns.

Kurz vor Weihnachten 1993 fuhr Rosalie vor John nach Cannes; er sollte nach der Arbeit am 23.12. nachkommen. Am Abend des 23. Dezember frugen wir ihn, warum er noch nicht nach Cannes fahre. »Ich will noch mein eigenes Weihnachtsfest feiern«, meinte er. Am Morgen hatte er bei der Bank am Karl Barth-Platz mit großer Überredungskunst und Mühe 4000.- Sfr. locker gemacht. Spät abends fuhr er bei uns ab. Aber nicht, wie wir dachten, nach Cannes, sondern, wie wir später durch eine norwegische Freundin John's erfuhren, in eine Bar in Mulhouse. Dort verbrachte er bis in die frühen Morgenstunden trinkend und tanzend die Nacht, lud alle Leute zu Drinks ein und verprasste das nicht ihm gehörende Geld.

Als die Bar ihre Tore schloss, lud er zwei Magrebiner und eine junge Frau zu einem Frühstück gegenüber in ein Restaurant ein. Danach begleiteten die drei Big John zum Auto. Als er einsteigen wollte überfielen sie ihn, nahmen ihm alles ab, brachen ihm Rippen, bis er endlich den Code seiner Kreditkarte preisgab. Sehr lädiert und mit großen Schmerzen fuhr er zu seiner Wohnung, duschte und telefonierte seiner Freundin in Norwegen, einer Psychologin, um ihr das in den letzten Stunden Vorgefallene zu erzählen. Sie gab ihm den Rat, sofort in Muhlhouse einen Arzt aufzusuchen. Doch John meinte, er fahre nach Basel zu seinem Doktor an der Adlerstrasse und machte sich auf den Weg.

Am Morgen des 24. Dezembers 1993 läutete bei uns das Telefon. Ich war mitten in den Weihnachtvorbereitungen für den Heiligen Abend. Martin lag mit einer Grippe im Bett. Eine fremde Stimme erklärte mir, Mr. John Berke sei im Kantonsspital von Basel. Man habe ihn nicht mehr reanimieren können, er sei gestorben und man habe unsere Adresse bei ihm gefunden.

Was für ein Schock! Anscheinend war er bis zum Schweizer Zoll gekommen, dort aber in einen parkierten Lastwagen geprallt. Die Sanität war sofort zur Stelle, reanimierte ihn und fuhr ihn ins Kantonsspital. Dort aber setzte sein Herz für immer aus. Statt für Weihnachten alles zu richten, hatte ich ganz anderes zu tun: Spitalbesuch, beim Standesamt den Todesschein abholen, Rosalie die schreckliche Nachricht am Telefon mitteilen. Nach den Feiertagen kam sie mit ihrem Schwager. Das kaputte Auto war schon in einer Zentrale im badischen Müllheim. Wir holten dort Johns Dinge aus dem Wagen. Danach kam der schwere Weg mit Rosalie in die Gerichtsmedizin, wo Big John aufgebahrt lag. Es war herzzerreißend.

Zwei Tage später holten wir die Asche in einer tönernen Urne am Friedhof ab. Rosalie wollte sie nicht in Basel beerdigen, sondern nahm sie mit nach Cannes, und ich kam kurz danach auch dorthin für die Beerdigung. Allerdings fand diese dann nicht statt, weil Rosalie sich weigerte, die Urne herauszugeben und zu begraben. Jahre später telefonierte sie mir aber, ich solle nach Cannes kommen und die Urne mit nach Basel nehmen, weil sie mit ihrem neuen Freund nach Kalifornien auswandere. Diesem Wunsch entsprach ich nicht. Dagegen traf ich Johns Witwe in Paris. Christine erzählte, dass sie schon länger in den USA wohnt und dort einen teuren Rechtsanwalt und Detektiv beauftragt habe, dem Leben von John, alias Berke, nachzuforschen.

Die Nachricht, dass John für den amerikanischen Geheimdienst in Israel arbeitete, wunderte uns nicht. Vieles, worauf wir uns während all den Jahren unserer Freundschaft keinen Reim machen konnten, wurde plausibel. Zu mir sagte er einmal, dass er mir am meisten vertraue, gerade mir, die ich ihm am wenigsten glaubte und immer alles in Frage stellte. Er hatte mir sogar sein echtes Geburtsdatum angegeben, damit ich ihm ein Horoskop erstellen konnte. Daher wusste ich sein wahres Alter, als er starb. Er war gerade nur 53 Jahre alt geworden.

Bald nach Big John's Tod fand sich ein Zeuge aus der Bar, in der John seine »eigene Weihnacht« gefeiert hatte. Er bezeugte, was die Norwegerin am Telefon uns erzählt hatte. Der junge Mann hatte die Läden der Bar geschlossen und gesehen, wie Big John mit den Nordafrikanern aus der Bar in das gegenüberliegende Restaurant wechselte. Rosalie kam nochmals, um die Wohnung im Elsaß aufzulösen, wobei ich ihr behilflich war. Zusammen mit dem Zeugen gingen wir in Mulhouse zur Polizei. Der Beamte zeigte sich aber nicht interessiert, das sei nun schon zehn Tage her und diese Räuber könnten nicht eruiert werden. Dabei hatte ich alle Belege der Bankautomaten in und um Mulhouse mitgebracht, wo die Magrebiner Geld mit John's Kreditkarte abgehoben hatten. Aber die Polizei wollte einfach nichts unternehmen. Ich regte mich darüber so auf, dass ich Herzbeschwerden bekam und Rosalie und den Zeugen allein weiter verhandeln ließ, um meiner Arbeit in Basel nachzugehen, bei der ich extra frei genommen hatte.

Viele Jahre später erhielt ich abends gegen 23 Uhr einen Anruf aus Spanien. Es war Carme, die mir mitteilte, sie habe endlich im Internet unsere Adresse ausfindig gemacht und wolle fragen, wie es uns und John ginge. Ich musste ihr sagen, dass John schon seit längerem gestorben sei. »Waaas?« rief sie aus, »so bin ich ja schon länger Witwe!« Da war ich dann am Staunen, denn ich wusste nicht, dass John nicht von Carme geschieden, sondern mit zwei Frauen zugleich verheiratet war – und das im zivilisierten, aber noch nicht computerisierten Europa. Endlich, seufzte sie erleichtert, sei sie befreit. Diese Heirat habe ihr ganzes Leben verpfuscht. Ich solle ihr doch bitte sofort den beglaubigten Todesschein schicken, jubelte sie. Bald darauf kam sie einige Tage zu uns und ich erzählte ihr dann von John's Frau Christine in Paris.

Nur ein gewesener Geheimagent kann solche Dinge vollbringen!

Sacile – Basel 10. Juni 2004

Renzo holte eine herrlich reife Ananas auf dem Markt in Sacile und Luisa gab mir einen guten Tipp, wie man eine Ananas kauft. Also, man zieht an einem der mittleren spitzen Blätter der Frucht. Falls das Blatt sofort raus kommt, ist die Ananas überreif; ist es schwer herauszuziehen, lässt man sie liegen und lässt sie weiter reifen. Kommt das Blatt mit Zögern heraus, so ist sie gerade recht zum Verspeisen. Sie war wunderbar, diese Ananas! Dazu schnitt Renzo Salat im Garten und zupfte schöne Radieschen aus dem Beet im hinteren Garten. Sie waren noch warm von der Sonne. Alleine aß ich mein Abschiedsessen, denn ich musste vor ein Uhr am kleinen Bahnhof von Sacile sein, wohin mich Renzo freundlicherweise brachte.

Es war brütend heiß, über 30 Grad warm. Die Sonne brannte auf die Waggons des Regionalzuges, vor allem wenn er stehen blieb, und das tat er oft. Ich hatte Pech, mein Fenster ließ sich nicht öffnen und so hatte ich kaum Durchzug. In Mestre musste ich rennen, um den Zug nach Mailand zu erreichen. Es war eine Wohltat, in den Interregiozug zu steigen, er war klimatisiert! In meinem Coupé saßen zwei Chinesinnen, eine kleine und eine große, begleitet von einem Hongkong-Chinesen, einem hundertprozentigen Geschäftsmann, der mit Uhren handelte. Wir unterhielten uns bis Mailand gut auf Englisch.

Es ging weiter von Mailand nach Novara und dann zum schönen Lago Maggiore, wunderbare Landschaft, eine Augenweide. Bei Stresa sah ich die Borromäischen Inseln, die ich vor ca. 30 Jahren mit Ruth von Marschall besuchte. Am Ende des Sees, in der Nähe von Mergozzo, blieb der Zug stehen. Warten, warten und nochmals warten.

Endlich kam die Meldung über den Lautsprecher: Wegen eines Waldbrandes muss der Zug wieder Richtung Novara umkehren und ein anderes Gleis finden. Jetzt liefen die Handys heiß. Ein Herr aus Domodossola erzählte mir, dass die Wälder in dieser Gegend aus Bosheit öfters angezündet würden. Wir mussten natürlich nochmals lange warten, bis eine Lokomotive ans andere Ende des Zuges kam. Manche Leute wurden mit Autos abgeholt, auch jener Herr aus Domodossola.

Dann gab's die frohe Botschaft von der »Societa Cisalpina«, dass es als Trost für diese Unbill eine Gratisbar mit Drinks und Snacks gäbe. Eine riesige Schar von Männern, ausschließlich Männern, strömte durch meinen Waggon der Gratisbar entgegen und kam mit Essen und Trinken beladen wieder zurück. Die Bar war im »Nullkommanichts« ausgeplündert worden! Wir Frauen hatten das Nachsehen, da wir nicht schnell genug gewesen waren. Irgendwo bewunderte ich riesige Reisfelder und wähnte mich in Asien. Der Zug ging zurück bis ungefähr Sesta Calende und wurde dann auf das kleine Ost-West-Gleis nach Borgomanero gefahren, und von dort ging's dann wieder gen Norden nach Gozzano am Lago di Orta mit Wachturm im See, vorbei nach Gravellona Toce. Die Sonne ging hinter den Bergen unter. Im See entdeckte ich im Abendlicht ein mächtiges Kloster auf einer kleinen Insel, prächtig anzuschauen. Kurz vor Cuzzago kamen wir wieder auf das normale Gleis Richtung Domodossola.

Langsam lernte man die Gesichter der Mitfahrenden kennen. Wir waren eine internationale Gesellschaft: Amerikaner, Schweizer, Franzosen, Deutsche, Italiener, Österreicher und Holländer. Es war nicht langweilig, es wurden Geschichten erzählt. An eine erinnere ich mich noch halbwegs: Zwei junge Frauen hatten die vorhergehende Nacht ein Abenteuer in Goppenstein. Irgendwie hatten sie etwas falsch verstanden, waren ausgestiegen, als die Autos verladen wurden oder etwas Ähnliches. Auf alle

Fälle fuhr der letzte Zug in der Nacht ohne sie ab. Sie waren mutterseelenallein in dieser Schlucht und der Dunkelheit. Zum Glück fanden sie einen geheizten kleinen Wartesaal, wo sie sich auf den Bänken ein Nachtlager zurechtmachen konnten. Und nun das! – Kein Glück mit den Zügen an ihren zwei freien Tagen! Jemand dozierte über die Theorie und Geschichte der Ökonomie, dass Genet von China beeinflusst worden sei etc. Ich fragte eine Gruppe Frauen, welche in ihren Sachen kramten, ob sie in Domodossola aussteigen würden. »Nai, mer hen numme Hushalt gmacht«, antworteten sie vergnügt.

Schneeberge bei Premosello. Was wir mittags geschwitzt hatten, froren wir abends um halb zehn Uhr. Alle packten ihre warmen Sachen aus. War ich froh um mein warmes, wollenes Jäckchen!

Endlich: »Domodossola Stazione confine!« Mehrere Bahnangestellte nahmen sich der Reisenden an, die in Domodossola ausstiegen und ihre Anschlüsse verpasst hatten. Die italienischen Bahnangestellten und auch der Lokomotivführer konnten schlafen gehen, sie wurden von einer neuen Crew von Schweizern ersetzt. Dann, um 22.10, Abfahrt in Domodossola.

Um 21.40 Uhr hätte ich in Basel ankommen sollen!

Romainmôtier

In den Jahren 1976 bis 1978 arbeitete ich als Archivarin am Genfersee zwischen Nyon und Rolle. In meiner freien Zeit durchstreifte ich damals die Umgegend und lernte dabei auch das denkmalgeschützte, mittelalterliche Dörfchen Romainmôtier kennen. Es liegt am Eingang des engen Tales des Nozon, das sich der Mönch und »Juravater« Romain und seine Gefährten um das Jahr 450 als Bleibe in der Einsamkeit ausgesucht hatten.

Im Sommer 1983 machte ich einen Besuch bei meinem früheren Arbeitsplatz und fuhr dabei auch durch Romainmôtier. Eine dortige Bekannte erzählte mir von einem Herrschaftshaus aus dem Jahre 1559 mit großem Park, das seit zehn Jahren leer stehen würde und seit Jahren zu verkaufen sei. Man zeigte es mir und – es war Liebe auf den ersten Blick. Ich war einverstanden die Beletage dieser Ruine zu kaufen, die anderen Käufer waren zwei Herren aus der Gegend und Katharina von Arx aus Romainmôtier. Martin, mein lieber Ehemann, der damals in Yverdon ein Velogeschäft betrieb, ging zu den vielen Verhandlungen. Man wurde durch die Monate nicht einig. Die Herren schrieen Katharina von Arx ins Gesicht »Du lügst« und einer nach dem anderen stieg aus dem Gremium aus. Es gab aber noch andere Interessenten für Wohnungen im »Maison du Pont Couvert«. Es kam Frau Kofler aus Zürich mit Pierre Arnold, dem damaligen obersten Chef der »Migros«. Nach der Besichtigung flehte er seine Bekannte an, die Finger von diesem Haus, dieser Ruine, zu lassen. Das sei eine ganz gefährliche, sehr kostspielige Sache. Recht hatte er. Frau Kofler stieg denn auch nicht ein. Dann überredete Kathrin von Arx einen Cousin von Martin, der in Basel ein bekanntes Baugeschäft hatte. Aber auch er wandte sich ab.

Ich entschied mich, nicht leichten Herzens, das ganze vordere Haus zu kaufen, statt nur einer Wohnung. Das war natürlich eine riskante Sache. Ich hätte dies niemals getan, hätte mir nicht mein Freund, Werner Wenger, der Baufachmann aus Thun, versprochen, mir dieses Haus zu renovieren. Auf ihn konnte ich mich verlassen, das wusste ich.

Am 21. Februar 1984 wurde das Haus beim Notar in Orbe gekauft. Ich hatte nur 70'000 Fr. Eigenkapital, alles andere gehörte der Crédit Foncier Vaudoise (diese Bank ist später eingegangen!). Es war feierlicher als an einer Hochzeit. Der Notar sprach den Kaufvertrag wie ein Pfarrer in der Kirche mit viel

Pathos. Martin und ich verstanden wenig vom französischen Juristenjargon, amüsierten uns aber sehr. Am 1. März kam pünktlich Werner mit einem bepackten Lieferwagen und das Renovieren begann. Es war eisig kalt. In einem der obersten Zimmer stand ein kleiner Kachelofen, den wir heizen konnten. Durch die Ritzen sah man das Feuer brennen. Das Dorf war mit Schnee bedeckt. Katharina von Arx gab mir wollene Kleidung, die sie nicht mehr brauchte. Werner richtete sich in der Beletage ein und ich im obersten Stockwerk. An einem der ersten Märztage stand Werner auf der Leiter im Gang, als der »Dorfpolizist«, André Graf, ins Haus kam und Werner auf deutsch fragte, was er da mache. Sie wurden gute Freunde und helfen sich immer noch gegenseitig nach über 25 Jahren.

Eine große Räumungsaktion folgte. Das Haus steckte voll Gerümpel. Ganz oben war eine Werkstatt eingerichtet, sogar eine Lastwagenachse wurde dort gefunden. Zwei hochbeladene Lastwagen mit Altmetall führten wir ab. Die guten Sachen waren gestohlen worden, obwohl abgeschlossen war. Martin und Werner hatten sich auf die dort gefundenen Werkzeuge gefreut. Aber nichts Brauchbares war mehr da. Auch Antiquitäten und eingebaute Wandschränke wurden raus genommen und im barocken Gartenhäuschen baute jemand – wir wussten wer –

ein barockes, hängendes Schränkchen aus der Ecke der Wände. Es war ein Antiquitätenschreiner, der sein Auge auf all diese Dinge geworfen hatte. Er hatte sich zehn Jahre zuvor für 50.- Fr. Miete pro Monat im untersten Stockwerk eingerichtet. Es war elendiglich schwierig, ihn aus dem Haus zu komplimentieren und deshalb machte ich auch kein Geschrei über die gestohlenen Sachen. Wenn er nur ging!

Beim Räumen half Werner, der sich einen mächtigen roten Bart wachsen ließ, Sabine Bachmann, eine starke Veterinärstudentin, die sich etwas Geld verdienen wollte und mit Werner gut auskam. Später kam auch noch unser Sohn Lucas zur Hilfe und meine Nichte Bettina aus München. Diese beiden brachen in den morschen Fußböden ein, zum Glück ohne sich sehr weh zu tun dabei. Wir hatten ein fröhliches Schaffen und ich kochte für die ganze Mannschaft. Mit Werners Hilfe richtete ich die große Küche und das obere Zimmer gemütlich ein. Wir fanden allerhand alte Möbel im Haus, die noch zu gebrauchen waren. Was nicht vorhanden war, holte ich aus Basel oder kaufte es billig beim Trödler im nahen Yverdon, vor allem Stühle. Für das alte Doppelbett erstand ich eine neue Matratze.

Als erstes baute Werner auf meinen Wunsch mit Backsteinen die Türe zu, welche zum Anbau nach

Norden führte, den Kathatrina von Arx gekauft hatte. Dann nahm Werner die Beletage in Angriff: Elektrisch, Wasser, die sanitären Anlagen. Danach wurden die alten Böden herausgerissen, isoliert und schöne alte Muster mit hellem und dunklem Holz darauf gelegt. Zwei zugemauerte Fenster öffnete Werner. Er wollte die Bevölkerung von Romainmôtier überraschen, bereitete alles innen vor, setzte das neue Fenster und erst dann brach er die Wand durch. Solche Dinge machten ihm Spaß.

Anfänglich war es sehr schwer zwischen Werner und mir. Wir hatten ganz verschiedenen Ansichten über die Renovierung des Hauses. Ich wollte so viel wie nur möglich vom alten historischen Bestand erhalten, Werner dagegen war fürs Praktische und Billige. Es war aufreibend. Um mich zu erholen von den lautstarken Streits ging ich in die alte, 1100 gebaute Klosterkirche, ein Juwel der burgundischen Kirchenbaukunst, welche in früherer Zeit zu Cluny gehörte. Man sagt, sie sei ein Ort der Kraft und ich holte dort mir auch neue Kräfte, die ich für den harten Brocken Werner brauchte. Aber, oh Wunder, mit der Zeit konvertierte dieser Baumeister zu meiner Meinung und wurde von einem Saulus zu einem Paulus, fanatischer als ich, was die historische Grundstruktur des Hauses betraf.

Nach dem großen Schnee und der Kälte kam doch langsam die Märzensonne. Es hat eine hölzerne lange Brücke, die von der Beletage des Hauses in den Park führt. Sabina wohnte im kleinen Chalet, dem Brückenhäuschen, und hatte eine Terrasse vor ihrem Zimmer. Dort konnten wir gemütlich mit gefundenen Möbeln in der Sonne Kaffee trinken, was nach der Schwerarbeit von allen geschätzt wurde. Im großen Park entdeckten wir beim barocken Gartenhäuschen eine ganze Wiese voll Christrosen. Allmählich kamen auch die anderen Frühlingsblumen und die Wiesen wuchsen. Ich kaufte zwei Schafe, welche das Gras kurz hielten, Hühner und Katzen (in einer Schachtel hatten wir auf dem Dachboden vier Katzenbabys gefunden) tummelten sich mit ihnen auf den Wiesen und unter den hohen Bäumen. Drei riesige über 200 Jahre alte Mammutbäume (Segoia) geben neben Tannen – Laub – und Obstbäumen dem Park eine vornehme Note.

Im obersten Badezimmer stand noch eine große Badewanne mit Füßchen und daneben ein hoher kupferner Wasserboiler, den man heizen konnte. Mit einem Brett über der Wanne wurde das Geschirr gewaschen und ohne Brett abends gebadet. Romantik des späten 19. Jahrhunderts. Eines Tages, große Katastrophe: Lucas und Werner warfen meine geliebte, alte Füßchenbadewanne zum obersten Fenster raus! Das verzieh ich ihnen nie. Sie behaupteten, sie habe einen Riss gehabt, aber den hatte ich beim Baden nie gesehen ...

Zu Pfingsten kam die ganze Familie Metzger und Lehmann aus Basel. Die zweijährige Tanja genoss den Auslauf im Park. Dort aßen wir auch an der Sonne an einem langen Tisch. Wunderbares Landleben! Der Flieder blühte und die Bienen summten. Auch mein 80 jähriger Vater mit seiner 87 jährigen Frau kamen für einige Tage aus Mannheim zu Besuch. Diese wohnten aber im hübschen Hotel »Ballival«, hundert Meter entfernt vom »Maison du Pont Couvert«, wie mein Haus hieß. Auch meine Freundin Alison aus Edinburg und Sandra Jungstedt aus Stockholm übernachteten bei uns, sowie meine Freundin Edith aus Jerusalem. Alle wollten sehen, in was für ein Abenteuer ich mich gestürzt hatte. Werners Tochter Pia machte mit einer Freundin eine Velotour und begutachtete ihres Vaters Werk. Sie genossen die verblichene Romantik von Haus und Garten.

Das Waadtland galt damals als die »Dritte Welt« der Schweiz, arm und schön. Die Landschaft begeisterte mich immer wieder. Werner und ich machten Picnic zum Mittagessen an den Waldrändern, fuhren zum Jurapass Molendruz, nach dem nahen La Clée, dem

Schloss in La Sarraz, am Abend nach L'Isle oder an den Neuchâtelersee, manchmal auch nach Premier, oberhalb von Romainmôtier. Das war einer meiner Lieblingsorte, wohin ich oft alleine fuhr und die herrliche Aussicht über das ganze Land bis zu den Alpen genoss.

Bis im Juli 1984 hatte Werner die neuen Wasser – Elektrisch – Telefon und Televisionsleitungen gelegt. Dann kamen die 13 Kamine dran. Werner schickte mich zur Firma Boa AG bei Luzern, wo ich ein 9 Meter langes und 20 cm breites Kaminrohr aus Aluminium kaufen sollte. Es sah toll aus, das ganz lange Rohr wurde auf das Dach unseres Diane 2 CV gebunden. So kutschierte ich in das abgelegene Romainmôtier. Dieses Rohr war vorerst mal für eines der dreizehn Kamine. Eine weitere schöne Reise führte uns ins Tessin, wo wir Bodenfliesen aussuchten. Sechs Badewannen, einige Boiler, Waschmaschine, Ölheizung mussten angeschafft werden. Alles war bestens organisiert. Sogar mein Harmonium aus Basel und das Cembalo unserer Tochter musste in das ehrwürdige, staubige Haus, damit wir Musik zur Erholung machen konnten. Sabine legte im Park Beete für Gemüse und Salat an. Als es wärmer wurde schlief sie sogar nachts dort.

Der Basler Musik-Mäzen, Paul Sacher, hatte 1984 für seine Stiftung am Münsterplatz für 11 Millionen Dollar den Nachlass von Igor Strawinsky gekauft. Dieser kam in großen hölzernen Kisten aus USA in Basel an. Durch meine freundschaftlichen Beziehungen konnte ich alles Holz, das dadurch anfiel sammeln und nach Romainmôtier schleppen. Ein kleines Zimmer wurde dort ganz mit diesen Holzplatten ausstaffiert und hieß von da an das »Strawinsky-Zimmer«. Beim nächsten großen Umbau in vielleicht 100 Jahren, werden sich die Bauleute wundern über diese amerikanischen Zutaten.

Ein Abenteuer war's von A – Z, nicht nur vom Finanziellen her. Das 427 Jahre alte Haus barg manch eine Überraschung. Zum Beispiel fand der Baumeister einen Tragbalken, der 1755 einfach abgesägt worden war, um die damals üblichen runden Stichbogenfenster in die Fassade einzubauen. Die eiserne Aufhängung, in der dieser Balken seither lag, war schon stark vom Rost angenagt! Auch die wunderbaren schmiedeisernen Schlösser und Türangeln rosteten vor sich hin und wurden durch uns gerettet. Eines Tages fand Werner unter dem Putz in einer der Küchen eine riesige eiserne Platte in der Wand und eine sehr dicke, schwere Steinplatte am Boden. Das war eine Reminiszenz der alten offenen Feuerstelle. Die großen Rauchfänge wurden belassen und moderne Lüftungen eingebaut. Die alten bemalten Berner Kachelöfen machten Sorgen. Einer musste ganz abgebrochen und neu aufgebaut zu werden. Zweimal sogar, weil der erste Ofenbauer nichts taugte. Dagegen wurden die alten Eichentüren wunderbar von einem Fachmann erneuert.

Zwischen Weihnachten und Neujahr gab es einen Endspurt an Arbeit. Die ersten Mieter wollten am 1. Januar 1985 in die fast fertige 5-Zimmerwohnung inklusive zwei Badezimmern einziehen. Verwandte und gute Freunde, die handwerkliches Geschick hatten, wurden aufgeboten, uns bei der Fertigstellung zu helfen. Sogar unser Freund David aus London kam. Um die Stimmung nicht sinken zu lassen und die Leute bei Kräften zu halten, schleppte ich Essen an und bekochte alle. Die lange gemeinsame Tafel war immer sehr fröhlich – »une vie de château«. Müde von der Arbeit vor einem Kaminfeuer zu sitzen mit netten Leuten und einer Flasche Rotwein, was gibt es Schöneres?

»Als Unterbruch« der Arbeit suchte ich im Staatsarchiv des Kantons Waadt in Lausanne historische Erinnerungen an mein Herrschaftshaus, von dem man mir sagte, dass in der Bevölkerung Stimmen laut geworden seien, dass eine Kanone darauf gerichtet werden sollte, um es dem Erdboden gleich zu machen. Im Jahre 1755 war das Haus vergrößert und aufgestockt worden. Diese Jahreszahl fand sich auch eingeritzt im Gebäude. Als 1789 die französische Revolution ausgebrochen war, flüchteten viele Adlige in die Confoederatio Helvetica. Einige, ihre Namen waren angegeben, übernahmen das »Maison du Pont Couvert«. Sie legten einen französischen Garten im Park an mit vielen Buchsbaum-Einfassungen. Davon fanden sich noch nach mehr als 200 Jahren viele hochgewachsene Buchsbäume! Später wurde das Haus als Kirche der Freisinnigen (Eglise libre évangélique) gebraucht und war lange Pfarrhaus.

Um nicht nur Arbeit und Sorge während den fast fünf Jahre dauernden Bauarbeiten zu haben, richtete ich mich gemütlich dort ein, wo der Staub am wenigsten aufgewirbelt wurde. Ich zog dann von einem Stockwerk zum anderen und genoss jedes Mal die Neueinrichtung. Nur den Keller ließ ich aus. Der musste ja auch trocken gelegt werden durch eine aufwendige Drainage und Isolation nach oben und unten.

Das Jahr 1987 brachte viel Neues und Aufregendes: Die hohe Mauer des Nachbarn fiel in sich zusammen in meinen vorderen Garten. Die uralte breite Steintreppe des Hauses drohte einzubrechen und musste ganz auseinander genommen werden und Ende April entwurzelte ein Sturm die größte Föhre im Park. Auch wurde im Juli das riesige Dach mit vierzehn verschiedenen Schrägen in Angriff genommen. Dazu kamen auch der Sohn von Werner, Stefan, und ein Freund desselben. Eigentlich sollte bei einer Totalrenovierung das Dach als erstes erneuert werden. Bei uns ging aber alles anders als es üblich ist. Im November 1987 konnten wir erleichtert das Richtfest feiern.

Wenn ich nicht alte Bau-Photographien hätte, hielte ich es nicht für möglich, dass ich solch ein Abenteuer angefangen und durchgezogen habe. Immer auf dem »qui vive« sein, ob das Geld, das heißt, der Kredit der Bank reicht. Ich kann nur den Kopfschütteln – was für ein Gottvertrauen hatte ich! Es war ein Wahnsinn, sich mit 51 Jahren in so ein Risiko zu stürzen. Himmel, war ich naiv! Durch dick und dünn hielt Werner zu mir, wenn er auch dreimal nach Diskussionen für Wochen verschwand und ich nicht wusste, wann er wieder auftauchen würde. Ich hatte Nerven aus Stahl und einen sehr tüchtigen Schutzengel, dazu viel Glück. Die Bewohner von Romainmôtier waren mir wohl gesonnen und niemand legte mir Steine in den Weg. Nur der Denkmalschutz war streng und kam mit Auflagen für das Innere und das Äußere des Hauses. Deshalb machte Werner auch manches schnell wieder zu, was wir entdeckten. Zum Beispiel beim Aufmachen eines Holzbodens kam ein hoher Saal zum Vorschein mit geschnitzten Balken nach Berner Art (Die Waadt war von 1536 bis 1798 von den Bernern besetzt). Schnell wieder zu! Einen hohen Saal kann man nicht als Wohnung vermieten. Das braucht viel zu viel Heizung. Sollen später Geborene ihre Freude daran haben!

Diese Unternehmung war in jeder Hinsicht eine Lebensschule und ich betrachte seither jedes Gebäude mit anderen Augen, mit respektvollen! Die Abteikirche von Romainmôtier wurde kürzlich für 14 Millionen Schweizerfranken renoviert. Ich hatte eine Million in das Haus gebuttert und dieses Bauwerk aus dem Dornröschenschlaf geweckt, um Vergangenheit in die Gegenwart zu retten.

Für Olesja

Ein Abschied. Ein Lied zum Weinen

An einem klaren, sonnigen Junimorgen zogen die junge Ukrainerin und ich, die 71-jährige Baslerin, aus, den Tag mit gemeinsamem Glück zu füllen – im Wissen um unser baldiges Abschiednehmen.

Drei Monate hatten wir unter einem Dach gelebt und uns leider nur selten gesehen. Eigentlich nur am Tag von Olesja Bobriks Ankunft. Da saßen wir fröhlich zusammen mit Denis Lomtev und Martin auf unserer kleinen Terrasse bei der Küche. Die Sympathie zueinander fühlten wir. Danach verschlang uns der Alltag. Olesja war damit beschäftigt, sich an all das ungewohnte Neue zu gewöhnen und fleißig bei der Paul-Sacher-Stiftung zu arbeiten.

Aber herrliche Lichtblicke des Zusammenseins waren die Klavierabende, die uns Denis und Olesja vierhändig an unserem alten Flügel schenkten. Dieser über 100-Jährige gab alles und zitterte vor Freude, wohl auch wegen seiner alten schwachen Beine. Endlich mal was Rechtes, was ganz Tolles! Das, was er in seiner Jugend im 19. Jahrhundert erlebt hatte, kam noch einmal zurück mit den gleichen Noten, wie damals, als der talentierte, romantische Student Fritz Bartenstein mit seinem Studienfreund vierhändig Schubert, Mozart und Beethoven spielte und so große innere Freude und Erfüllung darin fand. Alte, lang begrabene Erinnerungen kamen dem alt gedienten Flügel aus vergangenen Zeiten zurück.

Es waren würdige Spieler, die sich seiner annahmen, gut ausgebildete Pianisten des Moskauer Konservatoriums. Das hatte er sich nicht träumen lassen! »Ich bin wieder zum Leben gekommen«, jauchzte er unter den virtuosen Händen von Denis und Olesja. Was für ein Glück, was für Klänge, erst recht für uns, die zuhörten!

Leider hatten wir keinen richtigen Tonbandapparat, um die Kunst der jungen Russen mit so viel Talent und Tiefgang aufzunehmen. Wie bedaure ich dies jetzt! Auch jene denkwürdige Nacht, in der wir zu dritt fröhlich und besinnlich eine Flasche Wodka leerten, bleibt nur in den Herzen von uns dreien bewahrt. Olesja sang zu Denis´ Begleitung das Lied »Ya fstretil Vas« (»I met you, my love and all that had passed came to life in my jaded heart. I remembered a bygone time, a golden time, and my heart was bathed in a warm glow.«). Russisch – was für eine wunderbare, melodische Sprache! Und Denis erzählte bis tief in die Nacht von Russland, aus früheren Zeiten, von seinen Eltern, seiner Großmutter und der Schreckenszeit des Zweiten Weltkrieges. Unvergessliche, menschlich warme Stunden waren das.

Also, dieser helle Junimorgen: Olesja und ich trafen am Bahnhof auch noch Curt, einen feinen Literaturwissenschafter aus Kalifornien. Zu dritt besuchten wir nach einer schönen Fahrt das festlich herausgeputzte, sonnige Luzern, um uns dann wie Kinder an der Schifffahrt mit dem Flagschiff des Vierwaldstättersees »Stadt Luzern« zu erfreuen. Als wir uns einen Kaffee auf dem großen alten Dampfschiff genehmigten, mussten wir zwischen griesgrämigen Leuten, die kein Lächeln übrig hatten, sitzen. Das störte aber unsere fröhliche Laune nicht.

In Vitznau ging's mit der roten Zahnradbahn in einstündiger Fahrt in die Höhe zur Rigi. Dort angekommen, bezwangen wir noch den letzten Steilhang, um zum Gipfel zu gelangen. Die Aussicht begeisterte uns, Berge und Seen weit und breit. Doch plötzlich wurde unsere frohe Stimmung sehr gedämpft – Curt vermisste seine neue Digitalkamera. Nirgends war sie zu finden. Zurück an der Station Rigi-Kulm gaben wir den Verlust der Frau, welche dem Bahnhof vorstand, bekannt. Während wir mit ihr konferierten, kam der Lokomotivführer vorbei und hörte zufällig, zum Glück, einige Wortfetzen wie »lost camera« und fragte uns, wie sie ausgesehen habe. »Blaues Etui, klein«, gab ich Auskunft. Ah, meinte er, ein kleiner Junge habe eine solche im Zug auf dem Sitz entdeckt. Der Lokomotivführer stieg in den wartenden Waggon und holte die Kamera. Was für ein Glück! Ich fragte, welcher Junge das denn gewesen sei, und so führte er mich in den Zug zu ihm. Ich dankte diesem herzlich, drückte ihm ein Fünffrankenstück als Finderlohn in die Hand und erhielt ein strahlendes Lächeln zurück. So konnten wir einen schönen, sorglosen Tag froh zu Ende genießen.

Nun schläft Olesja gerade im Zimmer über mir und träumt vom morgigen glücklichen Tag, den sie am Genfersee mit Curt verbringen wird.

Ein Märchen von Liebe und Tod

Es war einmal ein altes Paar, bei dem der innige Wunsch aufkam, nochmals, wenn auch nur kurz, so richtig von Herzen das volle glückliche Leben und Lieben zusammen zu genießen. Die beiden wollten noch einmal füreinander jung, gesund und schön sein und Zeit für ihre Zweisamkeit haben.

Dieser Wunsch war so stark und sehnsüchtig, dass sich eines Nachts eine Fee der alten Leute erbarmte. Sie erschien ihnen im Traum und schlug ihnen vor: »Für zwei Wochen kann ich euch euren großen Wunsch erfüllen, der Preis dafür wäre aber, dass der Tod euch nach dieser Zeit holen würde. Wollt ihr euer Leben für zwei Wochen tiefen Glückes hingeben?« Völlig einverstanden bejahten sie beide. Sogleich verwandelten sie sich in ihre frühere geschmeidige Jugend, in ihre früheren schönen, blühenden Gestalten.

Es war gerade Herbst und so tanzten sie fröhlich zusammen hinaus in die goldenen, raschelnden Blätter im Wald. Die Tiere, denen sie begegneten, wurden ganz zahm und zutraulich. Die Herbstblätter rieselten auf sie und ihr Lager und deckten sie zu. Doch alles hat ein Ende, es begann in Strömen zu regnen. Schnell suchten sie lachend den Weg aus dem Waldlabyrinth, um sich dann an einem offenen Kaminfeuer zu trocknen. Der Schlaf kam über sie.

»Ein Tag ist schon um«, raunten sie sich beim Erwachen zu. Sie fühlten sich so frisch, dass sie einen hohen Berg bestiegen und sich an ihrer jugendlichen Kraft freuten. Für den gemeinsamen Abend gönnten sie sich den besten Wein. Umschlungen hörten sie Musik, feine Töne, berauschende Klänge. Stundenlang tauchten sie in den folgenden Nächten in die schönsten Melodien und verspürten himmlische Freuden.

»Ein neuer, froher Tag beginnt«, rief er am Morgen und auf ging's zu neuen Abenteuern. In jugendlichem Übermut bestiegen sie eine Achterbahn, fühlten Weite, Glück und Wind. Sie waren nicht mehr Gefangene der gesellschaftlichen Spielregeln. Ihre Phantasie, Kreativität und Empfindungsfähigkeit eröffnete ihnen immer neue Möglichkeiten. Sie verbrachten stille Stunden in kosmischer Geborgenheit. Sie sagten ja zum Leben in unerschöpflicher Freude, aber auch zum nahenden Tod.

Diese verwunschene, fruchtbare Zeit war wie ein Komet, der mitten in der Nacht auftaucht und eine Lichtschneise in die Dunkelheit reißt. Sie wuchsen an Einsicht, Reife und Güte. Sie mussten nicht mehr ihre Gedanken disziplinieren und ihre Gefühle bändigen. Das Unsagbare, das man nur ahnen kann, ging ihnen auf.

An einem sonnigen Tag verbrachten sie viele Stunden auf dem See in einem Ruderboot. Dort ließen sie ihr Leben nochmals Revue passieren, all das Schöne kam hoch, das Leid, das Glückhafte, Konflikte wie Schwierigkeiten, Fehlschläge und Unergründliches, das sie die Jahrzehnte hindurch überstanden hatten. Sie freuten sich an dem Stehvermögen, das sie entwickelt hatten, und am Humor, der sie dabei begleitet hatte. In großer Dankbarkeit erinnerten sie sich an all die geweckten Erinnerungen. Vergangenheit und Gegenwart knüpften sie zusammen. Ein Feuerwerk an Gesprächen entzündeten sie und sie lachten viel dazu. Sie wurden sich immer mehr der Quelle der eigenen Gefühle und ihrer Liebesfähigkeit bewusst. Segen lag über ihnen.

Schnell wie die Wolken verflogen die Tage, und die ihnen zugemessene Zeit schwand und brachte sie der großen Schwelle näher. Wir müssen bald scheiden, sagten sie sich. Es zerreißt uns das Herz, aber wir wollten es so. Keine Trauer! Wir gehen doch beglückt vom Leben ein in die Tiefe und Ruhe für immer, wie in einen heiligen Schrein, ins Frei-Sein, wir sind erlöst. Aus jedem Tod erwächst ein neues Leben.

»O Herr gib jedem seinen Tod. Das Sterben, das aus jenem Leben geht, darin er Liebe hatte, Sinn und Not.« (R.M. Rilke)

Ökumenischer Gottesdienst

Nach einer spannenden Delegiertenversammlung der Schweizerischen Trachtenvereinigung tags zuvor, bei der ich die Stadt Basel als Delegierte vertreten hatte, besuchte ich den ökumenischen Festgottesdienst in der Stadtkirche Winterthur. Ein strahlender Sonntag war uns Trachtenleuten beschieden. Das Gotteshaus beherbergte an die 900 Menschen aus allen Landesteilen der Schweiz. Fröhlich bunt leuchteten die vielfältigen alten Kostüme im Einklang mit den hohen farbigen Glasfenstern. Orgelmusik von Bach stimmte uns festlich.

Nach der Begrüßung durch den evangelischen Stadtpfarrer und den katholischen Gemeindeleiter sangen wir »Großer Gott wir loben dich«. Die erste Strophe auf Französisch, die zweite auf Italienisch, die dritte auf Rätoromanisch und die vierte dann auf Deutsch. Gebete und Trachtenchorgesänge von der großen Orgelempore herab erfreuten die große Gemeinde. »An Wasserflüssen Babylons«, Psalm 137, 1-6, wurde gelesen und anschließend das von Johann Sebastian Bach vertonte Lied auf der Orgel gespielt. Danach wies man darauf hin, dass nächsten Sonntag Flüchtlingstag sei. Sechs kleine Mädchen in Züribieter Tracht traten nacheinander vor den Altar, ein jedes einen großen Buchstaben tragend. Als erstes kam ein »A«, das sinnbildlich für »Alle« stand. Das »I« brachte ein ganz kleines Kind, das dazu sagte: »Ich bin das ›Ich bin‹.« Leider weiß ich nicht mehr alle Bedeutungen, für die die anderen Buchstaben standen. Zuletzt war in großen Lettern vor dem blumen- und kerzengeschmückten Altar das Wort »HEIMAT« zu lesen.

Die Vertreter der beiden Kirchen philosophierten sodann in einer Dialogpredigt über Nehemia 2,20 aus dem Alten Testament (»Der Gott des Himmels wird es uns gelingen lassen; denn wir, seine Knechte, haben uns aufgemacht und bauen wieder auf. Für euch gibt es keinen Anteil, kein Anrecht noch Gedenken in Jerusalem«) und Heimat im Allgemeinen. Jener im schwarzen Talar mit den weißen Beffchen, der evangelische Vertreter, auf eher konservative Art, der andere, der katholische, im weißen Gewand und in Sandalen, ein Norddeutscher, eher rebellisch links. Es war interessant zu beobachten, wie der Pfarrer die Rede seines Nachbarn mit skeptischer Miene verfolgte. Gewiss hatten sie sich abgesprochen, doch hatte ich eine Dauerbefürchtung, dass der junge Deutsche mit seinen Worten explodieren könnte. Man spürte seine innere Spannung. Das Gemeindelied »Ich singe dir mit Herz und Mund« brachte wohltuende Entspannung.

Dann kamen drei Taufgesellschaften mit Neugeborenen zum Altar. Eines der Kleinen hatte schon die ganze Zeit lauthals geschrieen, so dass ich dachte: »Warum gehen die Leute nicht mit ihm hinaus?« Jetzt realisierte ich, dass das Kind ja eine Hauptperson war. (Es erinnerte mich lebhaft an unseren Enkel David, der bei seiner Taufe aus Leibeskräften und andauernd schrie, weil er keinen »Nuggi« erhielt. Die Pfarrerin hatte keinen Täufling mit Schnuller gewollt. Dafür haben wir dann trotz ihrer guten Stimme nichts von der Predigt verstanden!)

Nach der Taufzeremonie war plötzlich die ganze Kirche voll von tanzenden, bunten Paaren, vorne im Chor, in allen Gängen zwischen den Kirchenbänken und hinten bei den Eingängen. Dazu spielte die Oberbaselbieter Ländlerkapelle auf.
Nach dem gemeinsamen »Vater unser« wurde von allen der Kanon »Dona nobis pacem« dreistufig gesungen. Alle erlebten einen wirklich unvergesslichen, besinnlichen und frohen Gottesdienst.

Gespräch im Park am See

Spaziergang: Unser Enkel David fuhr mit seinem Trottinette hin und her und um uns herum und ich hörte derweil beim Gehen Musik von Johann Sebastian Bach. Gerade als ich den langsamen Orgelchoral, bei dem mir manchmal die Tränen kommen, »Ich ruf' zu Dir, Herr Jesu Christ« (BWV 639) anhörte, frug David: »Was loosisch aigetlig?« und so hielt ich ihm einen Hörknopf an sein Ohr. Nach einer Weile war sein spöttischer Kommentar dazu: »Mega spannend! Da hör ich lieber einen Hard Rock«. »Was ist denn das?« fragte ich unwissende Großmutter und wurde eingehend aufgeklärt. Daraufhin erzählte ich meinem geliebten Enkel von dem tollen Erlebnis, einen Rapper kürzlich live erlebt zu haben anlässlich der Homer-Vernissage im Basler Antikenmuseum. David wurde neugierig: »Wie hieß er denn?« »Hm«, dachte ich nach »ich kann mich nicht erinnern, aber ich war begeistert über seine Darbietung mit so viel Witz und Phantasie«. »Hieß er vielleicht Black Tiger?« »Ja natürlich, das war sein Name.« Jetzt war der Dreizehnjährige bass erstaunt, dass seine alte Großmutter den »Black Tiger« mit Freude gehört hatte, denn früher eröffnete sie mal, dass sie Rapper nicht so gerne habe.

Ich stieg wohl in Davids Achtung, da ich doch nicht so ganz hinterm Mond zu sein scheine, wie er von uns Großeltern üblicherweise denkt. Er rief mir zu: »Ich besitze zwei CDs vom »Black Tiger«. Nun bin ich natürlich begierig, diese auch zu hören. So verbindet meinen Enkel und mich plötzlich noch etwas, das wir uns nicht haben träumen lassen.

Später philosophierte David noch, dass die Jungen die Alten schon immer genervt hätten. Schon Sokrates habe sich über die Jugend aufgeregt. Aber das ist so allgemein gehalten. In was mein Enkel und ich uns finden, ist die Liebe und Achtung voreinander und das macht glücklich. Sie sind einfach das Dessert des Lebens, unsere lieben Enkel.

Der Musiknotenständer mit hebräischer Aufschrift

(Für meinen Enkel, Ilan Lehmann in Jerusalem, weil er fragte, woher sein Notenständer mit der hebräischen Aufschrift »Mamre«* stamme).

Meine Großmutter, Mathilde Bartenstein, hatte eine Freundin – sie hieß Betty Welte – das war ihre beste Freundin, eine sogenannte »Busenfreundin«. Betty, eine Jüdin, war mit dem Flügel- und Klavierbauer Edwin Welte verheiratet. Diese Firma lag im Stadtteil »Stühlinger« in Freiburg im Breisgau und ging während des Zweiten Weltkrieges am 27. November 1944 in Flammen auf.

---

* Das Wort »Mamre« kommt im ersten Buch Mose im 23. Kapitel, 17. Vers vor: »So wurde Efrons Acker in Machpela östlich von Mamre Abraham zum Eigentum bestätigt, mit der Höhle darin und mit allen Bäumen auf dem Acker umher«.

Abraham beerdigte dort in der Höhle, einem Erbgrab das er gekauft hatte, seine Frau Sara, die hundertsiebenundzwanzig Jahre alt wurde. Jüdisch-islamische Tradition lokalisiert die Patriarchengräber in den Höhlen unter der grossen Moschee im heutigen Hebron.

Am 30. Januar 1933 war Adolf Hitler an die Macht gekommen, und Du, Ilan, weißt, was dann passiert ist: Es begann die ungeheuerliche, unfassbare Judenverfolgung. Edwin und Betty Welte waren reiche Freiburger Bürger. Betty ging oft in die Ferien mit oder ohne Ehemann, manchmal auch mit meiner Großmutter; am liebsten in die schöne Schweiz, im Winter nach St. Moritz ins Palace-Hotel, im Sommer nach Pontresina und Lugano.

Im Jahre 1938, im Oktober, verbrachte Betty Welte eine Kur in Bad Ragaz (Kanton St. Gallen). Sie war damals ungefähr 59 Jahre alt; da macht man schon mal eine Kur. Eines Morgens telefonierte ihr Mann aufgeregt und meldete ihr, dass sie nicht mehr nach Hause kommen könne, es sei etwas ganz Schreckliches passiert. Das war die damalige »Kristallnacht«. Der Name leitet sich von all dem zerbrochenen Glas der Schaufenster der jüdischen Geschäfte ab, die in jener unheilvollen Nacht der Zerstörung anheim fielen. Über 1400 Synagogen wurden in einer Nacht vom SA-Mob verbrannt; dies war von der NSDAP organisiert worden.

Ich selbst war damals fast 6 Jahre alt (am 6.2.1933 geboren). Am Morgen des 10. Novembers 1938, einem sonnigen Tag in Freiburg, stand ich mit vielen entsetzten, schweigenden Menschen am Rotteckring neben der Universität und schaute dem aufsteigenden Rauch zu, der aus den Trümmern der Synagoge stieg. Es ist ein Bild, das ich nicht vergesse. Wir, das sind meine Großeltern und ich, wohnten nicht weit weg von der Brandstätte, in der Gartenstrasse 18.

Frau Betty Welte musste also in der Schweiz bleiben und konnte als Jüdin nie mehr in ihre Heimat zurück. Ihr Mann war nicht Jude, er blieb in Freiburg. Meine Großmutter erhielt manchmal Briefe von Ihrer Freundin aus der Schweiz. Aber bald darauf, wahrscheinlich als der Krieg ausbrach, zog Betty Welte weiter nach den USA, aus berechtigter Angst, dass Hitler auch die Schweiz erobern würde.
Herr Edwin Welte überreichte meiner Großmutter den aus Kirschbaumholz geschaffenen, mit hebräischer Aufschrift verzierten Notenständer, vielleicht als Erinnerung an ihre geliebte Freundin oder aus Angst, etwas Hebräisches im Haus zu haben. Überall waren nämlich die Nazispitzel, in jedem Haus durch die so genannten »Blockwarts«, welche zu jeglicher Zeit an der Wohnungstür klingeln konnten und Einlass heischten, um zu prüfen, ob die Leute die Weisungen der NSDAP in ihrem Privatleben befolgen würden. Meine Großmutter war eine unerschrockene Frau. Sie behielt ihr Leben lang diesen Notenständer als liebes Andenken an ihre Freundin. Er war 1944 mit anderem Mobiliar aus dem,

durch einen Fliegerangriff brennenden Haus an der Gartenstrasse 18, gerettet worden.

Nach dem Tod meiner Großmutter im Februar 1966 erbte ich den Musiknotenständer und als Ihr im November 1987 nach Israel übersiedelt seid, gab ich ihn Euch mit, als Andenken an die Adlerstrasse 31 in Basel.

Des Schicksals Fügungen

Im Jahre 1935 wohnte ein sympathischer, gebilde-
ter Student aus London, William Wright, bei meinen Großeltern Bartenstein an der Gartenstrasse
18 in Freiburg im Breisgau. Er hatte an der Schule
deutsch gelernt und, um sich in dieser Sprache zu
verbessern, nahm er an der Universität Freiburg an
einem Sprachkurs teil, welchen die Universität an-
bot. Auch ich wohnte während der Sommermonate
dort als zweieinhalb jähriges Kind mit einem jungen
Kindermädchen, Liesel Schneider, aus Oppau bei
Ludwigshafen am Rhein. William Wright freundete
sich mit Liesel an. Sie gefiel ihm. Dieser Aufenthalt
William's in Freiburg sollte einen schicksalhaften
Einfluss auf sein späteres Leben haben.

Eines Tages, als William von der in der Nähe liegenden Universität zum Mittagsessen in das Haus Bartenstein zurückkehrte, wurde ihm der Eintritt von
zwei braun gekleideten NSDAP-Männern verwei-
gert. Sie wollten von ihm wissen, was er im Hause
wolle, und er müsse sich ausweisen und sie würden
alles aufschreiben. Niemand könne in dieses Haus
rein oder raus, ohne seine Identität und den Grund
seines Hierseins anzugeben. Als er endlich hinein

durfte, fand er meine Großeltern in größter Aufregung. Anscheinend behandelte mein Großvater als Arzt jüdische Patienten, was aber verboten war während der Herrschaft der Nationalsozialisten. Meine Großmutter fand, dieses Vorgehen der Nazis sei Hausfriedensbruch.

Mit 17 Jahren lebte ich einige Monate in England und wurde von William und seiner Frau Freda, die mit ihren drei Kindern in London lebten, zu Halloween eingeladen. Es war ein großer Spaß und ich lernte William und seine fröhliche Familie näher kennen. Bill, wie man ihn nannte, erzählte mir von früher und von meinen Großeltern, die er sehr schätzte.

Als der Zweite Weltkrieg ausbrach, war William Wright Offizier der englischen Armee gewesen, ab 1940 in Afrika stationiert. »It was all very unpleasant«, war später sein Kommentar.

Im Juni 1942 brachten er und ein anderer Offizier schwer verwundete Kameraden seiner Kompanie in das Krankenhaus von Tobruk. Dieses war aber in der Zwischenzeit von den Deutschen erobert worden. Er übergab die stark blutenden englischen Verwundeten den deutschen Ärzten. Ein Offizier sagte zu William: »Ah, Sie sprechen deutsch, Sie könnten unser Dolmetscher sein. Stellen Sie sich bitte dort hin. Als William und der andere englische Offizier merkten, dass nach einiger Zeit niemand mehr auf sie aufpasste, rannten sie natürlich weg. Sie rissen sich die englischen Offizierskennzeichen von den Schultern und fuhren in ihrem eigenen britischen Lastwagen davon. In der Wüste trugen deutsche und englische Soldaten ähnliche Kleidung, Shorts und ein Hemd, und sie benutzten auch die gleichen Verkehrsmittel, je nachdem, was sie gerade erobert hatten. So war es nicht ungewöhnlich, einen britischen Lastwagen unter den Deutschen zu finden. Bald schlossen sie sich einer italienischen Kompanie an. William sprach deutsch, aber die Italiener verstanden ihn nicht. Nicht lange darauf wurden die Italiener von einem indischen Batallion der britischen Armee angegriffen. William und sein Kamerad flohen weit in die Wüste hinein, sie fanden es erschreckend, von den eigenen Reihen beschossen zu werden. Es half nichts, denn bald wurden sie von den Deutschen umzingelt und gefangen genommen.

Spät in der Nacht – William und sein Mitgefangener hatten mehr als 24 Stunden nichts gegessen – fing William an, sich mit seinem Wächter auf deutsch zu unterhalten. »Woher in Deutschland sind Sie?«, und dieser antwortete: »Aus Oppau bei Ludwigshafen«.

Dort wohnten meine Eltern und Liesel Schneider, die William alle in Freiburg kennen gelernt hatte. Es stellte sich heraus, dass dieser deutsche Soldat, Hugo war sein Name, und seine Eltern direkte Nachbarn von Liesel Schneider waren. Nach einer Woche wusste man in Oppau, dass William Wright in Afrika in deutsche Gefangenschaft geraten war, weil Hugo dies nach Hause geschrieben hatte. Williams Familie in England erfuhr das erst nach vier Monaten.

Als William mit seiner Frau im Jahre 1989 Liesel in Oppau besuchte, ging Hugo vor dem Wagen von William und Freda Wright über die Strasse. William wollte aussteigen und ihn begrüßen, doch Liesel hielt ihn zurück. »Das ist jetzt ein schlechter Augenblick, er kommt eben von der Beerdigung seiner Schwester zurück.« So hat der Engländer den deutschen Wachsoldaten nach 47 Jahren, damals sein Gegner in der Wüste, wieder gesehen.

Italien machte mit den alliierten Armeen England, Frankreich, USA und Russland im August / September 1943 einen Separatfrieden. Zu dieser Zeit war William mit seinem Kameraden und anderen englischen Soldaten und Offizieren in einem italienischen Kriegsgefangenenlager. Die Italiener ließen gleich alle gewöhnlichen Soldaten aus dem Gefangenenlager frei, nur nicht die Offiziere. Diese wurden in der folgenden Nacht durch deutsche Fallschirmjäger übernommen und zum Bahnhof von Samona gebracht, um mit Viehwagen nach Deutschland verfrachtet zu werden. Bis der Zug kam, mussten die Engländer in einer Müllgrube warten und wurden von einem deutschen Soldaten bewacht. Plötzlich raunte einer der Gefangenen »Wir sitzen auf einem Pickel!« Worauf William die Idee hatte, den Bewacher abzulenken, damit seine Kameraden den Pickel ausgraben und in zwei Teilen in ihren Sachen verstecken konnten. Er sagte dem Deutschen: »Es ist mir schlecht, kann ich nicht um die Ecke gehen? Mein Stolz lässt es nicht zu, dass ich mich vor den anderen Offizieren erbreche.« Der Soldat ging mit William um die Ecke. Er versuchte sehr, sich zu übergeben, aber vergebene Müh. Doch die anderen hatten gerade genug Zeit, um den Pickel zu zerlegen.

Während der lange Güterzug mit den Viehwagen ankam, half William dem deutschen Leutnant, eine genaue Namensliste der 24 Gefangenen zu erstellen, die zusammen in einen Wagon zu gehen hatten. Währenddessen suchten die Engländer einen hölzernen Güterwagen. Es gab ja auch solche aus Metall. In der Nacht gelang es den Gefangenen, mit dem wieder zusammengesetzten Pickel eine Holzplanke aus der Seite des Güterwagons zu lösen und dann die Verriegelung und die Türe des Viehwagens zu öffnen. In der Nähe von Evizano losten die 24 britischen Gefangenen aus, wer der Reihe nach immer zu zweit raus springen würde. William zog die Nummer sechs. Gerade als er an der Reihe war, fuhr der Zug langsamer und hielt am Bahnhof Evizano an. Sofort sprangen die deutschen Bewacher, welche in einem offenen Wagon gesessen waren, raus und patrouillierten dem Zug entlang auf der Plattform des Bahnhofs. William und seine Kameraden versuchten, die Türe wieder zu schließen, aber es gelang ihnen nicht. Zum Glück war die Öffnung auf der anderen Seite, wo die Deutschen nicht patrouillierten. Es war eine ganz finstere Nacht. Aber es kam ein italienischer Bahnarbeiter den Zug entlang mit einem Werkzeug und klopfte zur Kontrolle an die Räder jedes Wagons. (Heute ist so etwas nicht mehr nötig). Er kam näher und näher. Die Insaßen des offenen Viehwagens dachten: »So, das ist das Ende«. Der Bahnarbeiter näherte sich ihnen, sah sie und die offene Türe, sagte aber nichts und ging weiter. Sie waren wieder einmal gerettet.

Der Zug setzte sich in Bewegung und William und sein Freund dachten: »Hier ist's gut zu springen«. Aber sie waren in der Dunkelheit auf einen steilen Abhang gesprungen und der Freund hatte sich bei dem Sprung den Knöchel gebrochen. So konnte er nicht wegrennen. Sie hatten jedoch Glück gehabt, dass sie an dieser Seite gesprungen waren, denn auf der anderen Seite des Zuges verliefen die Drähte der Signale die sie in Stücke zerschnitten hätten. Anschließend bestiegen die zwei einen Berg, der Freund auf allen Vieren, und lebten dort in einer Höhle. Etwas Wasser hatten sie, aber kaum etwas zum Essen. Ein Hund fand die Geflüchteten nach zehn Tagen, und hinter her kam ein kleiner Junge. Bald erhielten sie einen kleinen Brief mit der Einladung, hinunter ins Dorf zu kommen. Das sei eine gewagte Sache, dachten die Flüchtlinge. Aber sie waren am Verhungern und der gebrochene Knöchel sollte gepflegt werden.

So gingen sie trotz der Gefahr in das Dorf. Die Bewohner waren liebevoll, nahmen sie auf, pflegten den Kranken und gaben den zwei britischen Soldaten alles, was sie brauchten. William und sein Begleiter arbeiteten auf den Feldern und in den Weinbergen der Bauern. Sie wohnten in einem Stall am Ende des Dorfes. Es war tatsächlich dort sehr gefährlich, denn im Dorf waren mehr als 300 deutsche Soldaten. Der Bürgermeister erhielt laufend vom deutschen Kommandanten Listen mit Dingen, welche die Deutschen brauchten, wie Wäsche und Essen und anderes. Die Aufstellungen waren immer auf deutsch abgefasst. William übersetzte den Bauern alles und er wunderte sich, dass die Deutschen keine Fragen stellten.

Der Winter kam, und Weihnachten feierten die zwei Engländer mit ihren Gastgebern im Bauernhaus. Plötzlich kamen zwei deutsche Soldaten in die Stube und setzten sich zu der Gesellschaft an den Tisch. William wusste, warum sie gekommen waren: Es war die 18 jährige hübsche Tochter des Bauern, welche sie anzog. Aber das Problem war groß und die Gefahr immens. Alle sahen ein, dass man die Deutschen so schnell wie möglich betrunken machen müsste. Der Wein floss und der Abend wurde sehr feuchtfröhlich. Trotz des Weines wurden die Soldaten sehr misstrauisch. Der Bauer sagte, um die Situation zu entschärfen: »Wir sind nicht von hier, sondern von Verona, dort hat man einen italienischen Dialekt mit anderer Aussprache.« Da saßen also in einem kleinen Bauernhaus mitten im Krieg Italiener, Deutsche und Engländer zusammen und feierten Weihnachten 1943.

Eines Tages wurde ein Flugzeug von den Deutschen abgeschossen. Der Pilot rettete sich mit dem Fallschirm und wurde von den Dorfbewohnern des Nachbardorfes aufgenommen. Die Deutschen fanden ihn und erschossen die Leute, die ihn bewirtet hatten, und brannten einige Häuser nieder. Es wurde immer schwieriger für William und seinen Kameraden und sie versuchten einige Male sich durchzuschlagen, um vom Dorf wegzukommen, doch misslang das jedes Mal; sie mussten immer wieder zu ihren lieben Leuten zurück und Nahrungsmittel holen. Ein Gerücht ging um, dass es jetzt bald in der Nähe zu einer großen Schlacht kommen würde. Das Dorf lag nördlich von Monte Casino. So verließen die zwei Unglücklichen für immer das Dorf, ausgerechnet während eines Schneesturms. Sie stiegen hoch in die Berge, um den Deutschen, die im Tal waren, auszuweichen. Nachts wanderten sie und am Tag wurde geschlafen. Sie trafen andere Versprengte, zuletzt waren es fünf britische Offiziere, die zusammen flüchteten. Eines Nachmittags, William lag schlafend im Wald, da hörte er erschreckt eine Kinderstimme, die rief: »Tedeschi, Tedeschi!« Er schaute nach und sah deutsche Truppen oben und unten, überall, die alles durchsuchten. So rannte er um sein Leben und fand eine günstige Grube, worin er sich verstecken konnte. Die anderen Engländer hatten sich nach allen Richtungen verstreut und versteckt. Dann folgte eine große Schießerei, auch eine große Anzahl Italiener rannte um ihr Leben, es herrschte eine große Panik. Wie das Schicksal es so wollte, stand plötzlich ein deutscher Soldat über seiner Grube. Er fand William und rief ihm zu:

192

»Aus!« Zuerst gab William sich als Italiener aus und erzählte von Kämpfen mit den Deutschen in Russland usw. Aber der Deutsche glaubte ihm nicht. Als er zu dem Sammelplatz kam, war es sowieso aus mit dieser Lüge, denn dort waren schon seine anderen vier Landsleute, die ihm zuriefen: »O, hello Bill, have they caught you too?«

Sie wurden in einem kleinen Zimmer untergebracht mit dreißig weiteren Gefangenen aus aller Herren Länder. In der Nacht unterhielten sie sich. Ein Deutscher war dabei aus Köln, der inständig bat, niemandem zu verraten, dass er Deutscher sei, sonst wäre er bald ein »toter Hund«. Vielleicht war er ein Deserteur oder ein deutscher Spion, der durch die Gegend streifte, um die deutsche Armee zu alarmieren, wenn Feinde sich in Zivil in der Gegend herumtrieben.

Am nächsten Morgen kam jemand runter und fragte: »Spricht hier jemand deutsch?« William sagte nichts. Nach einiger Zeit kam wieder jemand zu ihnen und fragte dasselbe. William schaute zu dem Kölner, aber sein Gesichtsausdruck sagte: »Nein, nein«. Zum Schluss dachte William: »Vielleicht kann ich unser Leben retten«, und gab zu, dass er deutsch spreche. Er wusste nicht, was er weiter sagen sollte, denn sie waren Offiziere einer feindlichen Armee, ohne Uniform, hinter den Linien der Deutschen. Er wusste, dass sie in dieser Situation erschossen würden und dachte: »Schade, dass es auf diese Weise enden muss«.

Er wurde in ein kleines Zimmer geführt, wo drei deutsche Offiziere saßen. Sie offerierten ihm einen Drink, gelb, entsetzlich, und er dachte, das sei eine Droge, um ihn sprechen zu machen. Die erste Frage lautete: »Wo lernten Sie deutsch?« »In der Schule und in einem Ferienkurs an einer Universität in Deutschland«. »Wo war das?« »In Freiburg im Breisgau« Sofort war einer der drei Deutschen äußerst interessiert. »Wo wohnten Sie?« »In der Gartenstrasse« »Bei wem?« »In einer Arztfamilie« »Wie war der Name des Arztes?« »Doktor Bartenstein«. Der Befrager war auch Arzt und sagte: »Ich kenne ihn, ich habe den größten Respekt für ihn, auch die Familie kenne ich. Mein medizinisches Praktikum habe ich dort gemacht.« Und er sprach immer weiter über Freiburg. William erzählte ihm Einzelheiten wie z.B., dass Dr. Bartenstein die drei Studenten, die bei ihm wohnten – neben William ein Belgier und ein Franzose – sie herausforderte: »Wandert morgen früh von hier aus auf den Schauinsland, schaut dem Sonnenaufgang zu und gebt mir einen Rapport darüber beim Frühstück um 8 Uhr!« Und tatsächlich unternahmen sie diese Tour.

Der junge Doktor wollte nur noch über Freiburg und seine Heimat reden. William sah das Gesicht des älteren, obersten deutschen Offiziers, dessen Mund offen stand und dessen Gedanken wanderten: »Was in aller Welt machen wir nur mit diesem Menschen, der so viel Kontakt zu Deutschland und zu unseren Landsleuten hat? Sollen wir ihn erschießen mit seinen Kameraden oder nicht?« William redete, so viel er konnte; er redete deutsch um sein Leben, bis der Oberst sagte: »So, jetzt ist's aber genug. Ihren Namen und Ihre Daten, Armeenummer haben wir und wir wissen, wann Sie vom Zug gesprungen sind. Aber jetzt erzählen Sie, was Sie seit dem 1. Oktober 1943 bis jetzt, 13. März 1944, alles getrieben und wo Sie sich aufgehalten haben. Woher haben Sie diese Kleider, wie haben sie gelebt, wer hat Sie beherbergt, wo und bei wem waren Sie so lange?« William war verzweifelt und antwortete: »Ich kann Ihnen das unmöglich sagen. Wir wanderten herum. Sie müssen mir glauben: all das ist gestohlen«. Der Oberst glaubte wohl nichts, aber nach einiger Zeit der Überlegung sagte er: »Ich glaube, das ist genug für den Bericht. Nun gehen Sie hinunter und sagen Sie Ihren Kollegen, dass wenn noch ein einziger Fluchtversuch unternommen wird, alle erschossen werden.« William sagte: »Ja, ich habe verstanden«.